全国干部传统文化与执政智慧

中国东方文化研究会国学文化专业委员会组编

用人治要

高玉敏　武建宇　编著

编委会

主　编　高宏存

副主编　刘　颖　李明军　张　泰

编委会成员

官金琼　孟晓妍　袁　航　高玉敏

褚洪敏　洪　艳　岳文典　刘晓玲

彭一伶　刘　颖　田　媛　许盼盼

陈友军　官盱玲　洪荣福　张　银

曾俊森　杨寿良　武建宇　朱利侠

张红岭　张　泰　李明军　高宏存

人民东方出版传媒
东方出版社

图书在版编目（CIP）数据

用人治要／高宏存主编；高玉敏，武建宇编著．—北京：东方出版社，2015.12
全国干部传统文化与执政智慧培训教材
ISBN 978-7-5060-8869-5

Ⅰ.①用… Ⅱ.①高… ②高… ③武… Ⅲ.①人才学-中国-
古代-干部教育-教材 Ⅳ.①C96

中国版本图书馆 CIP 数据核字（2015）第 316679 号

用人治要

（YONGREN ZHIYAO）

高宏存 主编 高玉敏 武建宇 编著

策划编辑：李 斌 鲁艳芳
责任编辑：杨朝霞
出 版：东方出版社
发 行：人民东方出版传媒有限公司
地 址：北京市东城区朝阳门内大街 192 号
邮政编码：100010
印 刷：北京佳顺印务有限公司
版 次：2016 年 3 月第 1 版
印 次：2016 年 3 月北京第 1 次印刷
开 本：710 毫米×1000 毫米 1/16
印 张：22
字 数：260 千字
书 号：ISBN 978-7-5060-8869-5
定 价：68.00 元
发行电话：(010) 64258117 64258115 64258112

总序　做传统文化的践行者

　　中华民族五千多年的历史文化源远流长，而文化的传承与演进推动了整个中华民族的历史进程，它是提高中华民族凝聚力的源动力，也是维系炎黄子孙这个大家庭的强有力纽带。因此，没有中华传统文化的深厚根基，也就没有华夏民族这棵参天大树。可以说，中华民族的发展史也正是中华传统文化的积淀史。

　　追溯"文化"源头，早期"文"与"化"其实是两个单独的概念，直到战国末期的《周易·象传·贲卦》中言"刚柔交错，天文也。文明以止，人文也。观乎天文，以察时变；观乎人文，以化成天下"，"文"与"化"才开始联用，并衍生出了"以文教化"的思想。后《说苑·指武》中有言："圣人之治天下也，先文德而后武力。凡武之兴，为不服也。文化不改，然后加诛。"《文选·补之诗》中也有"文化内辑，武功外悠"的论述。"文""化"开始形成一个词，而其陶冶性情、提高修养的功用则进一步被强化，"文化"也作为一种社会现象和历史现象成为国家和民族精神意识的反映。

　　虽然长期以来我们十分强调文化对于国家建设、民族发展的重要意义，但近些年随着我们对经济发展关注度的提高，人们渐渐疏离中国优秀的传统文化，传统经典被束之高阁，文化意蕴被当作古董，人们在追逐商业价值的过程中逐渐忘却了传统文化里先哲们所拥有的智慧。为民者不记得"采菊东篱下，悠然见南山"一诗所拥有的闲适，为官者忘却了"苟利国家生死以，岂因祸福避趋之"中所包含的勇往直前，对物质财富的追逐冲淡了中华传统文化的底蕴，但是，经济的发展从来都不应该以破坏文化底蕴为代价，联合国教科文组织《文化政策促进发展行动计划》中便指出："发展最终应以文化概念来定义，文化的繁荣是发展的最高目标。"经济的发展固然重要，但这种发展必须以对传统文化的尊重为前提，必须以深厚的文化底蕴为支撑；全民文化的倒退必然导致经济的衰退，而如果一个民族的文化开始荒芜，那么种族的退化甚至灭亡将在所难免。

当然，由于时代的不同，传统文化中也存在着与当今社会不相融合的东西，因此，我们对于传统文化要秉持辩证的眼光，要懂得"取其精华、去其糟粕"。而我们强调的对于传统文化的传承，正是要宣扬那些强化人际关系、主张个性解放、尊重精神自由的内容，是要传承先贤哲人们崇高的品德和高尚的情操，是要传承那些足以启发治国理政、修齐治平的内容。

中华民族悠久历史积淀的古老文化灿若星河，留存于那些浩如烟海的典籍当中，因此阅读古籍原典就成了我们了解、熟悉、传承传统文化的有效途径。

习近平同志曾说："中国传统文化博大精深，学习和掌握其中的各种思想精华，对树立正确的世界观、人生观、价值观很有益处……学史可以看成败、鉴得失、知兴替；学诗可以情飞扬、志高昂、人灵秀；学伦理可以知廉耻、懂荣辱、辨是非。"各级党员领导干部作为党和国家政策的执行者和实施者，必须重视对传统文化的继承与发扬，必须以一种表率的姿态在民众中树立起对国学经典与传统文化的重视，从而引导全国人民成为优秀传统文化的继承者和践行者。

本套丛书挑选国学经典中优秀的传统文化内容，除了意在弘扬璀璨夺目的中华文化，更重要的是为广大读者提供佐餐灵魂的精神食粮。愿我们成为中华民族传统文化的共同传承者和践行者。

序　言

中华五千年的历史为后人留下了浩如烟海的典籍文献。群经宏赡、史学绵远，百家纷列、诗文华章。在经典文献的一吟一咏中遥想唐尧虞舜的郅治荣耀，在唐风汉月的一笑一颦中体会圣哲先贤的文治武功。国家文武之治系于人才，正如李世民所说："为政之要，惟在得人。用非其才，必难致治。"治国理政的机要就在于选贤任能。

"野无遗贤，万邦咸宁"，是古圣先贤几千年来从未间断的实践和追求，他们的爱才之德、识才之策、选才之方以及用才之道，或载入史册，或见于诗文，为后代留下了宝贵的智慧宝藏。要做好当今的选人用人工作，必定要从这些经典中汲取选贤任能的智慧。

人才使用要任人唯贤、量才授职，避免任人唯亲和感情冲动的误区。蜀汉之兴，源于刘备的三下隆中，蜀汉之衰则源于诸葛亮任人唯亲，在荆州守将的任用上错误地选择了关羽。"刚而自矜"的关羽，麦城战败，身死军破。刘备统倾国之兵来为之复仇，又促成张飞之死，自己被陆逊火烧连营，驾崩白帝城，蜀汉颓势自此不可挽回。加之诸葛亮事必躬亲，精选的人才只会奉行"锦囊妙计"。《出师表》中推荐的郭攸之、费祎、董允、向宠皆成绩寥寥，无大建树。用人上的错误直接导致了后蜀人才凋敝，无将可用，蜀汉的落幕透露着历史的必然。

历代统治者认为对官员实行严格的考核，是保证吏治清明的有效途径之一，主张严格考课，信赏必罚，惩骄肃贪。古代对官员的考核成为常态，既重政绩又看声名，既行奖赏也行严惩。周有"六廉"、秦有"五善"、唐有"四善二十七最"、宋有"七事三最"，任职的方方面面、事无巨细无不包容其中。考评时逐条对证，照章办事，以此决定升迁赏罚。

　　本书整理传统文化中有关"选贤任能"的经典段落，梳理为"为政在人""修己安人""识才鉴才""选贤荐能""养才育才""量才善任""聚才励才""管人驭人""考课奖惩"九个篇章，附以国学常识、国学故事和现实启悟，使国学经典紧贴当今人才工作的实际，古今结合，古为今用，促使传统国学在现实建设中发挥应有的作用，为领导干部治国理政、选贤任能提供有益的借鉴。

目　录

>> 第四篇　选贤荐能

>> 第五篇　养才育才

>> 第六篇　量才善任

第一篇 为政在人

在中华五千年历史长河中，人才辈出璀璨闪烁，布满星空。他们或道德高卓，忠、孝、仁、义、恭、宽、信、廉，为人景仰；或博学多才，创造多端，文、史、农、工、医、卜、星、相，开文明的先河；或壮怀激烈、既勇且武，强健民族、保家卫国；他们为国家、民族的政治、经济、文化、制度作出了杰出的贡献，成为卓越不凡、倜傥非常的典范。一代代明君、名臣、圣贤、高士形成推动历史不断前进的洪流，在修齐治平的道路上展示着独特的魅力。发现人才、任用人才在文明发展中交织、前进。

　　治国之道，在于举贤；为政之要，惟在得人。我国古代先贤早就认识到人才的重要性，儒、墨、道、法等家对此均有精辟论述。古语云："得人者兴，失人者崩。"尊重人才、重用人才就会治国兴邦，事业有成；反之，漠视人才、失掉人才就会国破家亡。朱元璋说："贤才，国之宝也。"人才是治国理政成败的根本，关系着国家安危和盛衰。这正是中国几千年治国理政经验的科学总结。历史上凡开创治世的杰出帝王，都把尊贤重才作为治国之本、兴业之基；凡丢掉江山、失去帝王之业的，无不与用人不当、误用小人有直接关系。

　　在当今社会，人才的重要性就更加不言而喻。就国际而言，当前国与国之间的竞争归根结底就是人才的竞争。就国内而言，我国正处于全面建成小康社会的关键时期，能否实现这一目标，关键也在人才，因此当今中国对人才的需要比以往任何时候都更迫切、更急需。中国传统文化关于人才重要性的论述及认识，对我们树立正确的人才观仍有重要的借鉴意义。

一、为政之要，惟在得人

（一）

【原典】

四封①之内，百姓之事，蠡②不如种③也。四封之外，敌国之制，立断之事，种亦不如蠡也。

——战国《国语·越语下》

【注释】①四封：封，疆界。四封即四境。

②蠡：指范蠡，楚国人，辅助越王勾践兴越灭吴，事后隐退经商，世称陶朱公。

③种：指文种，楚国人，与范蠡一起投奔越国，灭吴之后，被勾践赐死。

【译文】在国内，治理百姓，范蠡不如文种；在国外，控制敌国当机立断，文种不如范蠡。

（二）

【原典】

悼公①使张老②为卿，辞曰："臣不如魏绛③。夫绛之智能治大官④，其仁可以利公室⑤不忘，其勇不疚于刑，其学不废其先人之职。若在卿位，外内必平。"

——战国《国语·晋语》

【注释】①悼公：指晋悼公，前573年至前558年在位，他重用韩厥、魏绛等人，26岁即称霸中原。

②张老：晋悼公的大夫，姓张，名老，字孟。

③魏绛：晋悼公时任司马，执法严明，政治、军事才能都十分突出。

④官：政府的办公处所，也可以代指政府、朝廷。

⑤公室：先秦的等级体系中王室指天子，公室指诸侯，私门指大夫。

【译文】晋悼公任命张老作卿相，张老推辞说："我比不上魏绛。魏绛的才智能统领朝廷，他的仁义可以使他不忘对国军有利，他的勇敢使他执行刑罚不犹豫，他的学问使他不会废弃贤人的职守。如果任用魏绛为卿相，则无外忧内患。"

（三）

【原典】

得十良马，不若得一伯乐①；得十良剑，不若得一欧冶②；得地千里，不若得一圣人。

——（战国）吕不韦《吕氏春秋·不苟论》

【注释】①伯乐：相传为秦穆公时人，善相马。

②欧冶：即欧冶子，春秋末期战国初期越国人，是中国古代铸剑鼻祖式人物，主要作品有龙泉、湛卢等。

【译文】收获良马十匹，比不上发现善相马的伯乐一个；得到宝剑十把，比不上发现精于铸剑的欧冶子一个；获得土地千里，比不

伯乐相马　汉代画像砖

上发现贤能的圣人一位。

（四）

【原典】

任人以事，存亡治乱之机①也。无术以任人，无所任而不败。

——（战国）韩非《韩非子·八说》

【注释】①机：本是弩箭上发射的装置，后来引申为关键、枢纽。

【译文】任用适合的人去完成大事，这是国家生存还是灭亡、太平还是混乱的关键。如果没有什么方法任用人才，那么没有那一次任命不失败的。

（五）

【原典】

一言偾①事，一人定国。

——《礼记·大学》

【注释】①偾（fèn）：跌倒、覆败。

【译文】国君说错一句话可以败坏大事，国君谨慎处理可以安定国家。

（六）

【原典】

贤人在而天下服，一人用而天下从。

——（西汉）刘向《战国策·秦策一》

【译文】贤人在位，能使天下归服，一位贤人得到任用，能使天下老百姓都追随他。

（七）

【原典】

无常安之国，无宜治之民，得贤者显昌，失贤者危亡。

——（西汉）贾谊《新书·胎教》

【译文】没有长治久安的国家，也没有适合被治理的百姓，得到贤才国家就会昌盛，失去贤才国家就会败亡。

（八）

【原典】

管仲①既用，任政于齐。齐桓公②以霸，九合诸侯，一③匡天下，管仲之谋也。

——（西汉）司马迁《史记·管仲列传》

【注释】①管仲：春秋时期齐国的政治家、军事家、思想家，辅助齐桓公成就霸主地位，注重经济在国家建设中的作用，著有《管子》一书。
②齐桓公：姓姜，名字叫小白，他重用管仲，军政合一，齐国势力变得强盛，齐桓公成为中国历史上第一位盟主。
③一：使……统一。

【译文】管仲得到任用，在齐国施政。齐桓公得以称霸诸侯，多次召集诸侯会盟，使天下得到匡正，这都是管仲的谋略。

（九）

【原典】

士者，国之重器；得士则重，失士则轻。

——（东汉）班固《汉书·梅福传》

【译文】士人，是国家的栋梁之材；得到士人国家就能强盛，失去士人国家就要灭亡。

（十）

【原典】

舜①承安继治，任贤使能，恭己②无为而天下治。

——（东汉）王充《论衡·语增》

【注释】①舜：姚姓，名字叫重华。幼年丧母，父亲续娶，生下其同父异母弟象。虽然父亲宠爱后母、弟弟，而且后母和弟弟经常谋害他，舜却孝顺侍奉父母，疼爱弟弟，以孝闻名，周围人都受其影响而和睦相处。尧年老以后，通过考察，最后将帝位传给了舜。
②恭己：态度恭谨，约束自己。

【译文】舜继承了尧时太平安定的局面，聘任贤才，任用能者，恭谨约束自己，不亲自插手治理国家的具体事务，却达到了治理天下的目的。

（十一）

【原典】

国家存亡之本，治乱之机，在于明选而已矣。

——（东汉）王符《潜夫论·本政》

【译文】国家存在还是灭亡的根本，有序还是混乱的关键，都在于严格选拔人才而已。

【国学常识】

封建制下的"国"与"家"

从字形来看，"国"的小篆形体是圈，外面是"囗"，里面是"或"，或的字形是或，像人持戈守卫一块领地的样子。"家"的小篆写作家，像房子里面养着一头猪的样子。先秦实行分封建国制，天子自己掌管的领地叫"畿"或者叫"王畿"，除此以外的土地就用来分封。诸侯分封的领地叫"国"，诸侯在自己封国内部再次实行分封，大夫也可以获得封地，大夫的封地叫"家"。诸侯要服从天子的命令，为天子镇守疆土、随从作战、交纳贡赋，大夫对诸侯也有这些义务，所以孔子说"有国有家者"指的就是诸侯和大夫。秦以后实行郡县制，尤其是西汉以后，逐步取消了分封制，天下与诸侯国的区别就不存在了，大夫领有的家也就逐渐变成了家族、家庭的意思。但无论国还是家，都是属于天子的，天子把整个天下看作宅、看作家，在世袭制度下，家国一体就成为中国社会的主要国体模式，所以唐代的皇帝被称呼为"宅家"。

 【国学故事】

草根皇帝刘邦的成功之道

汉高祖刘邦，出身平民，在秦末农民战争中逐渐成长为颇具影响力的将领，后被西楚霸王项羽封为汉王。前206年，刘邦、项羽展开楚汉之争，这场实力相差悬殊的战争，前后历时长达五年，最终刘邦击败项羽入主中原，建立了统一的汉王朝，史称"西汉"。刘邦称帝后，有一天在洛阳南宫摆酒宴请群臣，酒酣耳热，问群臣道："各位将军都坦诚地说说看，我为什么能够打败项羽，得到天下？项羽又为什么失掉天下？"大臣高起、王陵回答说："陛下与民同心，每攻下一座城池，就把城镇、土地分给百姓，能与百姓同享利益，民心都向着您。项羽为人表面恭敬慈爱，手下将士受了伤，他会哭着送来自己的食物，但实则妇人之仁，一旦将士们真有了战功，他却舍不得封赏他们，使将士们背心离德，搞得众叛亲离，最终输掉了天下。"刘邦听后不满地说："你们只说对了一方面。我知道自己的能力和不足之处，运筹帷幄、决胜千里，我不如张良；安抚百姓、供给粮饷，我不如萧何；率勇武之师、攻城略地，我不如韩信。这三人都是当世英杰，我信任他们、重用他们，使他们能够尽情施展才华为我所用。我不善带兵，但我擅长带将，使优秀人才都能为我

所用，这才是我取得天下的根本原因啊。至于项羽，他不肯完全地信任任何人，连忠心耿耿、足智多谋的范增也容不下，迫使范增客死他乡，终无可用之将，只能是失败的下场。"

【现实启悟】

人才是治国理政之本

毛泽东在谈到刘邦成功的原因时说："汉高祖刘邦比西楚霸王项羽强，他得天下一因决策对头，二因用人得当。"可谓切中肯綮、正中要害。从两人对韩信的任用就可见一斑。韩信先投奔项羽，未得到重用，只做到了执戟郎中，实际上就是一名侍卫。后又投靠刘邦，得刘邦赏识和重用，被拜为大将。在后来的楚汉之争中，韩信不负刘邦所望，攻无不克，战无不胜，为刘邦平定天下立下了不朽功勋。上天并不是没有垂青项羽，只是他没有把握住机遇，对身边韩信这样的人才听而不闻、视而不见，所以他的失败是必然的；而刘邦的胜出，胜在重视人才、得到人才、善用人才。历史的教训值得深思。

为政之要，惟在得人。改革开放三十多年来，我国各项事业都取得了辉煌成就，根本原因之一就是各类人才蓬勃涌现，积极投身各项建设，推动了社会经济的巨大进步。党的十八大提出了"两个一百年"奋斗目标，即"在中国共产党成立一百年时全面建成小康社会，在新中国成立一百年时建成富强民主文明和谐的社会主义现代化国家"。要实现这两个百年目标，关键在于发现、培养、造就一批可堪重任的英才。人才乃强国之本、兴国之基，世间最宝贵的莫过于人才。只有仰仗对人才的重视，国家社会才能不断进步，百年目标才能最终实现。

二、尚贤任能，立政之本

（一）

【原典】

论材量能，谋德而举之，上之道也；专意一心，守职而不劳，下之事也。

——（春秋）管仲《管子·君臣上》

【译文】 评判才能，估算德行，然后选拔人才，这是君主的做法；专心一意，做好本职而不自以为劳苦，是下属该做的事。

（二）

【原典】

争天下者，必先争人。明大数者得人，审小计者失人。

——（春秋）管仲《管子·霸言》

【译文】 想要争夺天下，一定先要争取人心。明察洞悉天下大势就能得人心，只计较眼前的小利益就会失人心。

（三）

【原典】

得意，贤士不可不举；不得意，贤士不可不举。尚欲祖述①尧、舜、禹、汤之道，将不可以不尚贤。夫尚贤者，政之本②也。

——（战国）墨翟《墨子·尚贤上》

【注释】①祖述：仿效。

②本：根本。

【译文】当国家太平时，不可以不选拔贤士；当国家不太平时，也不可以不选拔贤士。还想着学习尧、舜、禹、商汤这些贤君治国理念的，就不能不重视贤士。崇尚贤士是实行政务的根本。

（四）

【原典】

尚贤者，天、鬼、百姓之利，而政事之本也。

——（战国）墨翟《墨子·尚贤下》

【译文】崇尚贤才，既是天帝、鬼神、百姓的利益所在，也是政事的根本。

（五）

【原典】

君人①者，欲安则莫若平政②爱民矣；欲荣，则莫若隆礼敬士矣；欲立功名则莫若尚贤使能矣，是君人者之大节也。

——（战国）荀况《荀子·王制》

【注释】①君人：做国君的人。

②平政：均平政治，指政治面前人人地位平等。

【译文】做国君的人想要国家稳定，没有什么比得上政治均平爱护百姓了；想要国家繁荣昌盛，没有什么比得上重视礼义敬重士人的了；想要建立功业、获得美好的名声，没有什么比得上崇尚贤才任用能士的了。这是国君最大的原则。

（六）

【原典】

桓公问置吏于管仲，管仲曰："辩察于辞，清洁于货，习人情，夷吾不如弦商，请立以为大理①。登降肃让，以明礼待宾，臣不如隰朋，请立以为大行②。垦草仞邑，辟地生粟，臣不如宁武，请以为大田③。三军既成陈，使士视死如归，臣不如公子成父，请以为大司马④。犯颜极谏，臣不如东郭牙，请立以为谏臣。治齐，此五子足矣，将欲霸王，夷吾在此。"

—— （战国）韩非《韩非子·外储说左下》

【注释】 ①大理：掌刑法的官员。

②大行：接待宾客的官吏。

③大田：掌管农业的官员。

④大司马：掌管武事的官员。

【译文】 齐桓公向管仲询问该如何任命官员，管仲说："辨识言辞、面对财物廉洁，谙习人情，我不如弦商，可以任命他为大理。行为讲究谦让，用正确的礼仪招待来宾，我不如隰朋，可以任命他为大行。开垦草场开辟城邑种植五谷，我不如宁武，可以任命他为大田。三军排列阵势，使士兵视死如归，我不如公子成父，可以任命他为大司马。触犯君主敢于进谏，我不如东郭牙，可以任命他为谏臣。治理齐国有这五个人就足够了，想要称霸称王，有我在此。"

（七）

【原典】

功名之立，由事之本也，得贤之化也。非贤，其孰知乎事化？故曰其本在得贤。

—— （战国）吕不韦《吕氏春秋·本味》

【译文】 功名的建立，追究其中的根本原因，是得到了贤才教化。不是贤才，谁懂得事情的教化呢？所以说，建立功名的根本在于得到贤才。

（八）

【原典】————

夫治国犹于治身，治身之道，务在养神。治国之道，务在举贤。是以养神求生，举贤求安。故国之有辅，如屋之有柱。柱不可细，辅不可弱。柱细则害，辅弱则倾。故治国之道，举直错①诸枉，其国乃安。

——（三国蜀）诸葛亮《便宜十六策·举措》

【注释】 ①错：通"措"，放置。

【译文】 治理国家与休养身体道理是相同的。休养身体的方法在于，努力蓄养精神。治理国家，要努力举荐贤才。因此蓄养精神求得养生，举荐贤才求得国安。所以国家有辅佐，就如同房屋有梁柱。梁柱不能细，辅佐不可弱。梁柱细有害于房屋，辅佐弱国家就会倾覆。所以治理国家的方法，是把正确的放置在错误之上使错误得以改正，国家才能安定。

（九）

【原典】————

招贤用才者，人主之要务也；立功立事者，髦俊①之所思也。若乃乐治定而忽智士者，何异欲致远途而弃骐骥②哉！

——（东晋）葛洪《抱朴子·外篇卷之十一·贵贤》

【注释】 ①髦（máo）俊：才能杰出的人。

②骐骥（lù）：骐，骐骥，良马。骥，骥耳，周穆王八

骏之一。

【译文】招揽贤才，任用贤能，是君主要努力做的工作；立战功做大事，是才智杰出的人思考的事。至于喜欢国家稳定却忽视才智之士的做法，何异于想到达远方却舍弃良马呢？

（十）

【原典】

为天下者譬如作大厦，非一木所成，必聚材而后成。天下非一人独理，必选贤而后治，故为国得宝不如荐贤。

——（明）朱元璋《明太祖宝训·求贤》

【译文】治理天下的人就像盖高楼，不是一根木材可以建成的，一定要把很多木材集中到一起才能建成。天下不是一个人可以治理的，一定要选拔贤才才能治理，因此国家得到珍宝不如举荐贤才。

（十一）

【原典】

为政之道在立法、任人二者而已，法不徒立，需人而行，人不滥用，惟贤是择。

——（清）毕沅《续资治通鉴》

【译文】施行政道的方法在于建立法制、任用人才。法制并不能单独建立，需要人才才可以。人才不能滥用，只有举荐贤人。

【国学常识】

封建帝王的执政指南

唐太宗李世民堪称封建帝王中的翘楚，他雄才伟略，广施仁政，

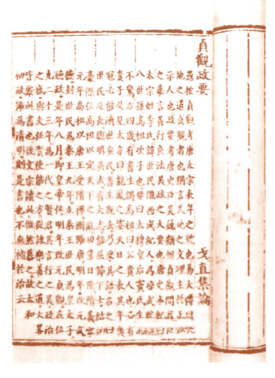

《贞观政要》书影

建立了令人钦慕不已的丰功伟绩，为大唐帝国奠定了坚不可摧的基础，他自己也成为后世帝王效仿的榜样。唐太宗善于纳谏，从谏如流，经常与房玄龄、杜如晦、魏徵等大臣就重大问题展开讨论，争论到激烈之处互不相让，最终使得问题得以正确解决。

武则天时的史官吴兢，通过史料的搜集整理，把贞观年间李世民的主要言论、观点以及大臣的谏议、奏疏汇编到一起，编成了《贞观政要》一书，十卷四十篇、八万多字，希望通过贞观盛世的经验和教训为唐王朝的统治提供鉴戒。

《贞观政要》一书中体现的治国安民理念，具有重大参考价值，为后代帝王的统治提供了明确的指南，被后代帝王奉为治理天下的圭臬。

 【国学故事】

唐太宗的"头等"大事

唐太宗李世民爱惜人才、求贤若渴，在历史上是出了名的。他把选拔人才作为头等大事，不仅亲自抓，还责成左右仆射（yè，相当于宰相）房玄龄、杜如晦等人帮着抓。有一天，唐太宗发现房玄龄、杜如晦整天被事务缠身，有阅不完的公文要处理，根本无暇考虑人才选拔之事，非常生气。他说："你们身为仆射，应当为我分担忧愁，操劳国家大事。现在朝廷正值用人之际，最重要的事就是为国察访贤才、选拔贤能，要拓宽选人视野，广开进贤之路，这样才能把优秀的人才选拔出来，你们整天陷在事务堆里，怎么能行呢？"于是，专门下了一道诏书给各尚书省：一切繁琐事务都交给左右丞相处理，除非碰到重大而又难以决断的事情需要请示，否则不得麻烦和打扰左右仆射。如此一来，将房玄龄和杜如晦二人从繁忙的事务堆里解脱出来，专心考虑选贤选能等人才选拔大事。两人殚精竭虑，想方设法选拔贤能，为李世民选拔收拢了一大批优秀人才，共同开创了贞观之治，使唐朝成为当时世界上最为文明、强盛的国家。

 【现实启悟】

为政者要举贤才

尚贤事能，政之本也。选贤任能是历代执政者的一件大事，历朝历代无不重视。我们党吸取历史经验教训，高度重视人才问题。邓小平同志说他最关心的就是两件事：一是抓住发展机遇，一是发现和任用人才。以习近平同志为总书记的党中央，把人才工作提到战略的高度来认真对待。党的十八大明确指出，加快确立人才优先发展战略布局，充分开发利用国内国际人才资源，推动我国由人才大国迈向人才强国。各级领导干部要站在战略和全局的高度，来认识人才工作的重要性，进一步增强紧迫感与责任感，把人才工作作为推动经济社会发展的基础性、关键性工作来抓；特别是各级党委一把手要亲自抓牢、抓好，这样就能达到纲举目张、事半功倍的效果，有效地推动各项工作顺利开展。

三、得人则兴，失人则毁

（一）

【原典】

野①无遗贤，万邦②咸③宁。

——春秋《尚书·大禹谟》

【注释】①野：《尔雅》说："邑外谓之郊。郊外谓之牧。牧外谓之野。""野"指距离城市较远的地方。

②邦：诸侯的封地，大曰邦，小曰国。汉代时避汉高祖刘邦的讳，改"邦"为"国"。

③咸：都、全部。

【译文】民间没有被遗漏不用的人才，这样所有的诸侯封国都能稳定安宁。

（二）

【原典】

济济①多士，文王以宁。

——春秋《诗经·大雅·文王》

【注释】①济济：众多的样子。

【译文】众多贤才云集西周，这是文王赖以治理国家、天下安宁的原因。

（三）

【原典】

得贤则能为邦家^①，立太平之基^②。

——春秋《诗经·小雅·南山有台·序》

【注释】①家：大夫的封地。

②基：本来指地基，是建筑物的基础，引申指事物的根本。

【译文】发现贤才就能治理国家，是建立太平盛世的根本。

（四）

【原典】

归^①国宝，不若献贤而进士。

——（战国）墨翟《墨子·亲士》

【注释】①归（kuì）：通"馈"，馈赠。

【译文】馈赠国宝，不如举荐贤才、引进士人。

（五）

【原典】

欲立功名，则莫^①若尚^②贤使能矣。

——（战国）荀况《荀子·王制》

【注释】①莫：没有什么。

②尚：崇尚，尊重。

【译文】要建功立业、成就美名，没有什么行为比得上崇尚圣贤、任用贤能。

（六）

【原典】

人主用俗人①则万乘②之国亡；用俗儒③则万乘之国存；用雅儒④则千乘之国安；用大儒⑤则百里之地久，而后三年，天下为一，诸侯为臣；用万乘之国，则举错⑥而定，一朝⑦而伯⑧。

——（战国）荀况《荀子·儒效》

【注释】①俗人：好利忘义的人。

②乘（shèng）：古代战车的单位，一辆车叫一乘。万乘之国，是拥有一万辆战车的国家，指大国。

③俗儒：学习了儒家皮毛知识的儒士。

④雅儒：学习了儒家知识还不能触类旁通的儒士。

⑤大儒：掌握了儒家精髓，能够以简驭繁地讲说道理、解决问题的儒士。

⑥举错：错，通"措"。采取措施。

⑦朝：早晨。一朝指很短的时间。

⑧伯：诸侯联盟的首领，多写作"霸"。

【译文】君主任用见利忘义之人，万乘之国就会灭亡。任用俗儒，万乘之国仅仅能够留存。任用雅儒，千乘之国可以安定。任用大儒，方圆百里的国家可以生存得长久，以后三年，可以一统天下，诸侯称臣。任用大儒治理万乘之国，采取措施安定国家，可以迅速称霸天下。

（七）

【原典】

身定、国安、天下治①，必贤人。古之有天下也者，七十一圣。

观于《春秋》，自鲁隐公②以至哀公③十有二世，其所以④得之，所以失之，其术一也，得贤人，国无不安，名无不荣；失贤人，国无不危，名无不辱。

—— （战国）吕不韦《吕氏春秋·求人》

【注释】①治：有秩序、严整，与"乱"相对。

②鲁隐公：鲁国第十四任君主，也是《春秋》中所记的鲁国第一位君主。

③鲁哀公：鲁国第二十六任君主，也是《春秋》中所记的鲁国最后一位君主。

④所以：用来……的方法。

【译文】安定自身、稳定国家、使天下大治的，一定是贤人。古代拥有天下的君主有七十一位，从《春秋》来看，从鲁隐公到鲁哀公共十二代，考察他们的得与失，道理是一致的：得到贤人，那么国家无不安宁，名声无不显赫；失去贤人，国家无不危亡，名声无不败毁。

（八）

【原典】

夫王者得贤材以自辅，然后治也。虽有尧舜之明，而股肱①不备，则主恩不流②，化泽③不行。故明君在上，慎于择士，务于求贤，设四佐④以自辅，有英俊⑤以治官，尊⑥其爵，重其禄，贤者进以显荣，罢⑦者退而劳力，是以主无遗忧，下无邪慝⑧，百官能治，臣下乐职，恩流群生，润泽草木。昔者，虞舜⑨左禹右皋陶⑩，不下堂而天下治，此使能之效也。

—— （西汉）刘向《说苑·君道》

【注释】①股肱：大腿与胳膊，用来比喻君主左右辅佐的臣子。

②流：流布、传布。

③化泽：教化的恩泽。

④四佐：四位辅佐大臣。天子前有疑、后有丞、左有辅、右有弼。疑，博闻多识，可决疑惑；丞，记住天子遗忘；辅，胸怀宽广、直心辅佐；弼，正直廉洁，直言敢谏。

⑤英俊：杰出人才。

⑥尊：使……地位高。

⑦罢（pí）：疲弱、无能。

⑧慝（tè）：邪恶。

⑨虞舜：舜的国号是虞，故称虞舜。

⑩皋陶（yáo）：舜的法官。

【译文】天子发现贤才来辅佐自己，然后天下大治。即使像尧、舜那样圣明，可是没有左右辅佐的臣子，那么君主的恩泽也不会传布，教化的恩泽也不会施行。所以圣明的君主在位，对于选拔士人很谨慎，尽心寻找贤才，设置辅佐大臣，使才能出众的人管理朝廷，提升他们的爵位，增加他们的俸禄。贤者把提升职位作为荣耀之事，解职的离开朝廷仍然出力，因此君主没有遗漏的忧患，臣下也没有奸邪朋党的事情发生。百官都有管理的才能，臣下乐于职守，恩泽流布苍生，润泽草木。当年虞舜左边是大禹，右边是皋陶，不用下堂而天下大治，这是任用能士造成的实效啊。

（九）

【原典】

国之需贤，譬车之恃轮，犹舟之倚①楫也。车摧②轮，则无以行；舟无楫，则无以济③；国乏贤，则无以理。国之多贤，如托造父④之乘，附越客⑤之舟，身不劳而千里可期，足不行而蓬莱⑥可至。朝之乏贤，若凤亏六翮⑦，欲望背磨⑧青天，臆⑨冲绛烟⑩，终莫由也。

——（北朝齐）刘昼《刘子·荐贤》

【注释】 ①倚：凭借、依赖。

②摧：损坏。

③济：渡河。

④造父：古代擅长驾车的人。造父献八骏于周穆王并为之驾车。陪同周穆王向西巡狩，受赐赵城，为赵氏先祖。

⑤越客：越国人。越人擅长行舟。

⑥蓬莱：传说中的海上三神山之一。

⑦六翮：鸟类双翅的正羽。

⑧磨：通"摩"，迫近。

⑨臆：胸臆。

⑩绛烟：天空中红色的烟霞。

【译文】 国家期待贤才，就如同车辆依靠车轮，舟船凭借船桨。车坏了车轮，就没有办法行驶；船没有了桨，就没有办法渡河。国家缺乏贤才，就没有办法治理。国家贤才济济，就如同寄身于造父驾驶的车上，依托于越人驾驶的船上。不用辛劳就可以到达千里之外，不用行走就可以登上海中的蓬莱。如果朝廷缺失了贤才，就如同凤凰缺少了翅膀，还盼望着背负青天，豪气冲天，最终却无路可行。

（十）

【原典】

国之政要①，兴废②在人，能知人机③，顺而施化④，趋时适变，静而勿动，政要之贤，可得而行。

——（唐）陈子昂《答制问事》

【注释】①要：要领、关键。

②废：败坏、衰败。

③机：关键，要点。

④施化：实施教化。

【译文】国家施政的要领，昌盛、衰败都在于人，贤人应该能够掌握事物变化的规律，并能顺应时局变化，教育引导民众。应当适应瞬息万变的情况，要静观其变而不妄动，从事治理国家的贤人，就可以顺利推行施政方针了。

（十一）

【原典】

凡国之强，必须多得贤臣工；凡家之强，必须多出贤子弟。

—— （清）曾国藩《致沅悌》

【译文】大凡国家强盛，必须有许多优秀的臣属；大凡家族强盛，必须有许多贤良的子弟。

【国学常识】

被王安石"批判"的孟尝君

孟尝君，姓田，名文，字孟，封邑在尝，所以号孟尝君。战国时齐国贵族，其父靖郭君田婴是齐威王的小儿子，封地在薛邑。父亲去世后，田文继承父亲爵位。

孟尝君以"好客养士""好善乐施"而名闻天下。在对待门客上，他基本能做到"食客数千人，无贵贱一与文等"，所以有很多人都愿意归附他。门下有食客数千，最多能达到三千左右，都不同程度地为孟尝君在政治斗争中献策献计，其中比较有名的有苏代、冯谖、魏子等。孟尝君在秦国时为了摆脱困境，一个门客到秦王宫偷出了狐裘，一个门客假装鸡鸣骗开了城门，使得孟尝君最终逃出秦境。其他门客本来羞于与"鸡鸣狗盗"的人为伍，但从此以后大家对孟尝君的远见表示叹服。后来，王安石《读〈孟尝君传〉》认为，孟尝君只是鸡鸣狗盗的首领而已，否则，凭着齐国的强大，如果能够发现一个人才就能控制秦国，怎么还用得着鸡鸣狗盗的事情发生呢？正因为孟尝君身边都是鸡鸣狗盗的人才，所以真正的贤士才不会到来。王安石的独特见解驳斥了"孟尝君能得士"的传统观点，令人耳目一新。

【国学故事】

英雄难过小人关

齐桓公重用管仲成就霸业的传奇故事国人皆知，但故事的后续却并非人人知晓。晚年的管仲得了重病，危在旦夕，齐桓公前去探望，难过地说："仲父走了以后，谁还能像你一样尽心辅佐我治理齐国啊！"管仲说："想必您心中已经有了人选了。"桓公试探地问："易牙这个人怎么样？他对我忠心无二，为了让我尝尝人肉的滋味，不惜把自己的亲生儿子煮了给我吃，他可以吗？"管仲愤怒地说："连自己的亲生骨肉都不爱，怎么会真心爱国君呢？"齐桓公想想又问："那卫公子启方呢？他跟随我十五年，父亲去世都不回去奔丧，他一定能担当重任吧？"管仲摇摇头说："连自己的父亲都能抛弃，会对您尽忠尽责吗？"齐桓公满脸通红，又问："竖刁怎么样？他为了侍奉我，甘愿自残当宦官，而且一直忠心耿耿。"管仲失望地说："竖刁为了接近您，不惜自残，像这样连自己身体都不爱惜的人，对国君还有什么事做不出来呢？"齐桓公无奈地问："那你觉得谁可以呢？"管仲便向齐桓公推荐了为人忠厚、大公无私的隰朋，并告诫齐桓公一定要远离易牙、启方、竖刁三人。

管仲去世后，齐桓公听从管仲的建议，让隰朋继承了相位，放逐赶走了易牙、启方和竖刁。但他却高兴不起来，心里时常想起这三个人的好处，于是又把这三个人重新召回身边委以重任。

后来，齐桓公得了重病，易牙和竖刁封锁了宫门，在王宫四周修筑起高墙，将齐桓公囚禁了起来，只留一个小洞，给桓公送饭。他的几个儿子忙着争夺王位，早把父亲抛到脑后，很快连饭也没人送了。启方见桓公大势已去，带领一众门客归降了卫国。可怜齐桓公贵为霸主，最后竟活活挨饿而死。临死前他想起管仲说的话，悔恨交加，觉得九泉之下也无颜面对管仲，便用衣服把脸遮起来，带着悔恨和不甘结束了曾经风光无限的一生，直到死后六十多天才被人发现。齐国的霸业也从此开始衰落。

齐桓公与管仲　汉代画像砖

【现实启悟】

为官从政要"亲贤臣，远小人"

齐桓公因亲贤能而称霸，因近小人而败国，可谓千古之鉴。诸葛亮在《出师表》中总结前后汉的历史教训时说："亲贤臣，远小人，此先汉所以兴隆也；亲小人，远贤臣，此后汉所以倾颓也。"窥视历史，西汉时期贤臣辈出，文臣有萧何、张良、曹参、陈平、霍光，武将有韩信、彭越、樊哙、周勃、李广、卫青、霍去病等，大家齐心协力，共同缔造了强大的大汉王国。东汉时自然也有贤臣，像文官有邓禹、杨震、卓茂，武将有岑鹏、马武、铫期等，但在历史上的名气却并不大。总体来看，西汉是贤臣压倒小人的年代，而东汉是小人压过贤臣的年代，虽然也有光武中兴，但颓势已成，不可救药，尤其是汉桓帝、汉灵帝时期，形势更加糟糕。

历史的教训值得借鉴。孔子说："唯女子与小人难养也，近之则不逊，远之则怨。""小人"往往人格卑下，巧言令色、心口不一、擅长挑拨离间、落井下石，而且睚眦必报、手段百出，令人防不胜防，给国家、个人都可能造成极大的伤害。古人对待小人往往采用退避、忍让的原则，这是一种纵容的做法，结果可能造成更大的祸害。前车之鉴，值得吸取，领导干部交友当慎之又慎。习近平同志在同出席全国人大十二届一次会议的江苏代表一起审议政府工作报告时指出，领导干部要做洁身自好、交友有度的表率，不搞"小圈子"，远离"小兄弟"，清除"江湖义气"，维护好公道正派、清正廉明的良好形象。

要做到远小人，为政者首先要加强自身修养，养成高尚道德情操，为人正派，善于接受不同意见；其次还要培养敏锐的洞察力，看人看本质、看本性，不为外表和言辞所惑，做到客观公正地识别人、评价人。

四、得千金易，得一士难

（一）

【原典】
才难，不其然乎？

——春秋《论语·泰伯》

【译文】人才难得，不是这样吗？

（二）

【原典】
千羊之皮，不如一狐之腋①。

——（西汉）司马迁《史记·赵世家》

【注释】①一狐之腋：狐狸的皮毛，腋下的一块质量最好。
【译文】一千只羊的皮，也赶不上一只狐狸腋下的裘皮有价值。

（三）

【原典】
黄金累千，不如一贤。

——（西晋）杨泉《物理论》

【译文】 黄金积累到千斤，也不如一个贤人珍贵。

（四）

【原典】

大厦须异①材，廊庙②非庸器。

——（南朝梁）江淹《杂体诗·卢中郎感交》

【注释】 ①异：奇特的、非凡的。

②廊庙：廊，君主大殿下面的房屋。庙，宗庙，廊庙合称指朝廷。

【译文】 高楼大厦需要非常挺拔的木材，朝廷急需的不是庸才。

（五）

【原典】

才难之叹，古今共之。

——（北宋）苏轼《与王荆公二首》

【译文】 人才难得的慨叹，古今都一样。

（六）

【原典】

士如良金美玉，市有定价。

——（北宋）苏轼《太息一首送秦少章》

【译文】 贤士就如同黄金美玉，在市场上都有确定的价值。

（七）

【原典】

良医不可必得，而庸医举目皆是。

—— （北宋）苏辙《宇文融》

【译文】 优秀的医生是难得的人才，庸医却到处都是。

（八）

【原典】

天之生材也甚难，人主之得材也亦甚难。

—— （南宋）叶适《资格》

【译文】 上天降生人才很难，君主得到贤才也很难。

（九）

【原典】

千金易得一士难。

—— （南宋）陆游《寄仕锡平老》

【译文】 千两黄金容易得到，一个才士不容易获得。

（十）

【原典】

不难于得方而难得用方之医；不难于立法而难得行法之人。

—— （清）魏源《默觚下·治篇四》

【译文】 不难于得到药方而是难以得到开出药方的医生；不难于立法，却难于得到执行法律的人。

【国学常识】

我国最早的智囊制度

养士制度可以说是我国最早的智囊制度。所谓"养士"，也称养"食客"、养"门客"和养"清客"。养士风气盛行于春秋战国时期，这与当时社会处于大变革的形势有关，各国诸侯和权臣为了巩固和扩大自己的统治势力，凡有能力者都供养那些有特殊本领的谋士能人，提供给他们衣食住行，以便在关键时刻和重要关头请他们出谋划策。战国的养士，形成了以"四公子"为代表的人才中心，即齐国的孟尝君田文、魏国的信陵君魏无忌、赵国的平原君赵胜、楚国的春申君黄歇。据史书记载，"四公子"门下的食客都超过三千人。

荆轲刺秦图

通过养士的方式既可以笼络集中大批人才，壮大政治力量，又得以抬高政治声誉，增强号召力，一举多得，所以当时的君王权贵争相礼贤下士。为了网罗人才用尽手段，信陵君为了得到隐士侯嬴亲自为其驾车，燕太子丹见到荆轲则"再拜而跪，膝行流涕"，想方设法留为己用，士在当时的重要性可见一斑。汉代的王充在《论衡·效力篇》中说，六国之时，"贤才之臣，入楚楚重，出齐齐轻，为赵赵完，畔魏魏伤"，形象地说明了这个时代士具有极大的影响力，以及人才流动性较强的特点。不得不说，战国的养士风气极大地推动了各国的发展。

【国学故事】

萧何月下追韩信

韩信年轻的时候，家中贫苦而且行为放浪。他曾经到南昌亭亭长家去吃饭，一连吃了几个月。一个漂洗丝絮的妇女看他可怜照顾他吃饭，一连吃了几十天。再加上韩信胯下之辱的名声，家乡的人们都不推荐他做官。

项梁起兵抗秦，他就追随项梁。项梁战死又追随项羽。就因为韩信比较糟糕的名声，项羽一直轻视他，任命他做了执戟郎中，也就是个不贴身的侍卫。后来韩信投靠了刘邦。起初刘邦也不重用他，韩信与萧何有过几次长谈。萧何认为韩信是个人才就推荐给刘邦。刘邦没当回事，韩信只好再次逃跑。萧何听说韩信跑掉了，来不及通知刘邦，急忙连夜追赶。有人向刘邦汇报说："萧丞相逃跑了。"刘邦就像丢了左右手一样。过了一两天，萧何回到军营。刘邦又怒又喜，责问："你为什么要逃跑？"萧何说："我哪是逃跑呢，我是去追逃跑的人去了。""谁呀？""韩信。"刘邦骂道："咱们军队里每天的逃兵有几十个，别人你不追却说追韩信，不是骗人是什么？"萧何说："别人不过是普通人，韩信是个奇才，大王如果想争夺天下、逐鹿中原，离开韩信是不行的。"刘邦说："那看你的面子让他做个将军吧。""做了将军他还是会跑掉。""那就做大将吧。"第二天，刘邦就命人筑好将台正式拜韩信为大将，众军哗然。

此后，韩信带领大军定三秦、平赵魏、战井陉、败龙且，一路势如破竹，战功卓著。有人劝说韩信形成楚、汉、齐三足鼎立的局面，但韩信追念刘邦对待自己的恩情，最终辅佐刘邦在垓下大败楚军，逼迫项羽乌江自刎，奠定了汉室江山。

【现实启悟】

视人才为国宝

有人说，萧何追韩信追回的是汉朝四百多年的江山。虽然凭韩信一个人不可能打下整个汉朝的天下，张良、萧何、樊哙等人也是功劳显赫，但是能够有机会鼎足而三的却只有韩信一人。

千金易得，一将难求。人才因为宝贵，所以难得；因为难得，所以要珍惜。把人才作为最宝贵的财富，把人才资源作为最重要的资源，始终是我党做好人才工作的指导思想。习近平同志曾在全国组织工作会议上指出，要树立强烈的人才意识，寻觅人才求贤若渴，发现人才如获至宝，举荐人才不拘一格，使用人才各尽其能。这就要求领导干部牢固树立爱才意识，始终怀有爱才之心，以求贤若渴的心态招揽人才，以视若珍宝的态度珍惜人才，像对待亲人一样爱护人才，在全社会形成贤才难得、尊贤重贤、见贤思齐的社会氛围，这样才能"精诚所至，金石为开"，吸引来优秀人才。

五、出乎其类，拔乎其萃

（一）

【原典】

所谓五材者，勇、智、仁、信、忠也。勇则不可犯，智则不可乱，仁则爱人，信则不欺，忠则无二心。

——（西周）姜尚《六韬·论将》

【译文】所谓五种才能指的是勇、智、仁、信、忠。勇就不可侵犯，智就不会迷乱，仁就会爱人，信就会不欺诈，忠就没有二心。

（二）

【原典】

贤良之士，厚乎德①行，辩乎言谈②，博乎道③术④者乎！此固国家之珍而社稷⑤之佐也。

——（战国）墨翟《墨子·尚贤上》

【注释】①德：道德、品德。施人以物叫作德，受人之施而心怀感激也叫作德。

②言谈：言，主动与别人说话；谈，双方或几方在一起交谈。

③道：本义是道路，引申指万物的本原。诸子百家、各

行各业都把自己的最高教义、最高法则叫作道。如孔孟之道、茶道等。

④术：技能、方法，主要指具体的手段，如武术、权术等。

⑤社稷：社，土地神。稷，五谷神。社、稷连用代指国家。

【译文】 贤良之士，都是德行淳厚、言谈辩捷、富有道术的人啊！这些人本来就是国家宝贵的财富，也是辅佐天下的得力助手。

（三）

【原典】

麒麟①之于走兽②，凤凰③之于飞鸟，太山④之于丘垤⑤，河⑥海之于行潦⑦，类⑧也。圣人之于民，亦类也。出于其类，拔⑨乎其萃⑩。

——（战国）孟轲《孟子·公孙丑上》

【注释】 ①麒麟：古代传说中的瑞兽，鹿身牛尾，头顶有角。麟、凤、龟、龙并称四灵。

②走兽：跑得快的兽类。

③凤凰：古代传说中的瑞鸟，鸿头、麟臀、蛇颈、鱼尾、龙纹、龟躯、燕颔、鸡口。

④太山：即泰山。

⑤丘垤（dié）：小土堆。

⑥河：黄河。

⑦行潦：行，指道路。潦，雨水。行潦是路上的积水。

⑧类：同类。

⑨拔：超出、突出。

⑩萃：群、类，指聚在一起的人或物。

【译文】 麒麟对于走兽，凤凰对于飞禽，泰山对于小土堆，黄

清代麒麟鱼刺绣

河、大海对于路上的积水，它们都属于同类，圣人对于百姓，也属于同类。皆因远远突出于所属的类，超拔于所属的群。

（四）

【原典】

　　良玉度①尺，虽有十仞②之土，不能掩其光；良珠度寸，虽有百仞之水，不能掩其莹③。

——（西汉）韩婴《韩诗外传》

【注释】①度：超过、越过。

　　　　②仞：古代七尺或八尺为一仞。

　　　　③莹：珠玉的光彩。

【译文】美玉超过一尺，即使放在十仞的土下，也不能挡住它的光芒。珍珠超过一寸，即使放在百仞的水底，也不能遮掩它的光彩。

（五）

【原典】

五人曰茂①，十人曰选②，百人曰俊，千人曰英，倍③英曰贤，万人曰杰，万④杰曰圣。

——（东汉）班固《白虎通义·圣人》

【注释】①茂：本指草木繁盛，引申指优秀、卓越。

②选：杰出人物。

③倍：两倍。

④万：当作"倍"。

【译文】一人胜过五人叫作茂，一人胜过十人叫作选，一人胜过百人叫作俊，一人胜过千人叫作英，超过"英"的两倍叫作贤，一人胜过万人叫作杰，超过"杰"的两倍叫作圣。

（六）

【原典】

老骥伏枥①，志在千里。烈士②暮年，壮心不已。

——（三国魏）曹操《步出夏门行·龟虽寿》

【注释】①枥：马槽。

②烈士：有节气有壮志的人。

【译文】老马伏在马槽上，仍然想奔到千里之外。英雄到了晚年，豪壮之心仍然不衰减。

（七）

【原典】

学足以通古，才足以御今，智足以应变，强足以守官。

——（北宋）苏轼《鲜于侁可太常少卿》

【译文】学问足可以贯通古今，才识足可以掌控当世，智慧足可以应对瞬息万变，能力出众足可以恪守职责。

（八）

【原典】

　　小事不糊涂之谓能，大事不糊涂之谓才。才臣疏节①阔目②，往往不可小知；能臣又近烛③有余，远猷④不足，可以佐承平⑤，不可以胜大变。

——（清）魏源《默觚下·治篇七》

【注释】①疏节：情操孤直。
　　　　②阔目：眼界高。
　　　　③近烛：看得清楚。
　　　　④猷（yóu）：谋略、筹划。
　　　　⑤承平：继承太平。

【译文】小事不糊涂叫作能，大事不糊涂叫作才。有才情的大臣情操孤直眼界较高，往往在小事上做到尽善尽美；有能力的大臣明察秋毫有余，长远谋划却不足，他们可以辅佐天子做到天下承平，却不可以应付大的变故。

【国学常识】

天有十日，人有十等

　　《左传·昭公十二年》说："天有十日，人有十等。""天有十日"指的是古人用甲、乙、丙、丁、戊、己、庚、辛、壬、癸十天干纪日。"人有十等"指的是王、诸侯、大夫、士、皂、舆、隶、僚、仆、台十个等级。"王"是天子，所以周天子都称王，文王、武王就是这样。诸侯分为五等，即公、侯、伯、子、男。"大夫"是官员的泛称，又可以分为卿、大夫。"士"是对男子的美称，地位次于大夫，有文士、武士。卿、大夫、士又可以分为上、中、下三等。"皂"指下吏或差役。"舆"的小篆写作 ，像四只手抬着车，也可以指抬车的人，指低贱的差役。"隶"指服罪的人。"僚"是服苦役的奴隶。"仆"是供役使的仆人。"台"是站在台下供人驱使的人。在奴隶社会，"士"以上都是身份自由的人，"皂"以下都是失去人身自由的人。

 【国学故事】

孔门弟子眼中的"夫子"

自汉代开始尊崇儒学，历代统治者不断提升儒家创始人孔子的地位，陆续为孔子加上封号。汉平帝时追封孔子为"褒成宣尼公"，北魏孝文帝尊为"文圣尼父"，隋文帝是"先师尼父"；唐太宗是"先圣"，唐玄宗是"文宣王"，西夏仁宗是"文宣帝"，元成宗是"大成至圣文宣王"，明朝嘉靖皇帝是"至圣先师"，清朝顺治皇帝是"大成至圣文宣先师"，中华民国是"大成至圣先师"，尊号崇高，后无来者。那么在孔子弟子心目中，孔子是什么样的人呢？

孔门弟子谈话时说到了他们对孔子的看法。有个学生叫宰予，他说："我的老师比尧舜强多了。"宰予的特长是言语，所以说话有点夸张。子贡说："往后一百年的君王，哪一位都要按照我们老师的道理处理国家大事。从人类产生以来，就没有比得上我们老师的。"有若说："可不仅仅是人类，世界上所有的生物都有高低上下的区别，麒麟和走兽比较、凤凰和飞禽比较、泰山和土堆比较、江海和小河比较、圣人和百姓比较，虽然都是同类，但是却远远超出大多数的水平。从有人类以来，没有比得过我们老师的。"孟子说："拿伯夷、伊尹和孔子进行比较，三人有相同的地方。他们不愿意做一件不合道义的事情，不会杀任何一个没有罪的人。也有不同的地方。伯夷是个贤人，天下太平就出仕，天下混乱就避世。伊尹是个贤臣，无论天下太不太平都要出仕。而孔子呢，该做就做，该辞就辞，能继续做就继续做，不让做就马上走，我愿意学习孔子。"

【现实启悟】

成才方能"出彩"

在古代，德才兼备如孔子、孟子，德行出众如伯夷、许由，才能超群如吴起、韩信等，都是出类拔萃的人才。在当代，科学家如袁隆平、钱伟长等是人才，技术工人如王亮、许振超等也是人才。我们可以说所谓"人才"，就是各行各业涌现出来的出类拔萃的人，他们具有一定的专业知识或专门技能，能为经济发展、社会进步贡献力量。"人才不问出处"，不论身份、不管地位、不计背景，凡是用自己的一技之长为国家、社会作出贡献的就都是人才，都应得到认可和尊重。

当今，实现国家富强、民族复兴、人民幸福的中国梦，成为亿万人民共同的追求。习近平同志出席中国科学院第十七次院士大会、中国工程院第十二次院士大会开幕会时指出："实现中华民族伟大复兴，人才越多越好，本事越大越好。知识就是力量，人才就是未来。我国要在科技创新方面走在世界前列，必须在创新实践中发现人才、在创新活动中培育人才、在创新事业中凝聚人才，必须大力培养造就规模宏大、结构合理、素质优良的创新型科技人才。"一方面，实现中国梦的根本在人才，依托也在人才，必须择天下英才而育之，聚创新人才而用之。只要不断地深化完善人才培养和使用体制机制，就不愁形不成不尽"人才"滚滚来的景象。另一方面，从个人角度来说，中国梦为每一个有志成才的人都提供了广阔的发展空间，使人人都享有人生出彩的机会。但是有出彩机会，并不等于出彩本身。古今中外的历史经验都证明，人生出彩的机会，只垂青那些有准备的人。

第二篇 修己安人

　　"修己安人"出自《论语》，意思是修养自身，使别人安定，体现的正是儒家修齐治平、修身为本的思想。其中"修己"是"安人"的起点和前提，唯有"修己"方可"安人"，这并不难理解。只有加强自身修养，自觉陶冶高尚道德情操，才会有强大的人格魅力和道德感召力，才会感染人、凝聚人。

　　古人认为修身重在修心、修心莫大于养德，提出很多修身养德的方法，如"静以修身，俭以养德""吾日三省吾身""君子慎其独也""见贤思齐焉，见不贤而内自省也""过而能改，善莫大焉"等等，至今仍是修身养德的重要方法。治学也是修身的重要途径，"非学无以广才，非志无以成学"，读书学习可以增长知识、拓宽视野、陶冶性情、提高个人素质，有助于树立正确的人生观和价值观，培养责任感和使命感，等等。荀子说，"学者非必为仕，而仕者必为学"，强调为官从政者尤其要加强学习，并将学习当作长期功课。

　　我们党历来重视学习，党的十七届四中全会提出了建设马克思主义学习型政党的目标。习近平同志在中央党校讲话深刻指出了领导干部学习的重要性。领导干部要结合当前正在开展的"三严三实"活动，严以修身、加强学习，读好书、修政德，树立起良好的领导形象，以人格魅力感染人、以高尚道德感召人，就能"正人""安人"。

一、用人先修己

（一）

【原典】

子路问君子，子曰："修己以敬。"曰："如斯①而已乎?"曰："修己以安②人。"曰："如斯而已乎?"曰："修己以安百姓。修己以安百姓，尧、舜其犹病③诸!"

——春秋《论语·宪问》

【注释】 ①斯：这样。

②安：使……安定。

③病：认为是心病。

【译文】 子路问如何成为一个君子。孔子说："修养自己，敬重做事。"子路又问："这样就可以了吗?"孔子说："修养自己，安抚别人。"子路又问："这样就可以了吗?"孔子说："修养自己，安定百姓。做到修养自己，安定百姓，恐怕尧、舜都觉得做不到呢!"

（二）

【原典】

修己而不责①人，则免于难。

——（春秋）左丘明《左传·闵公二年》

【注释】①责：责怪，怨恨。

【译文】修养自己而不责怨别人，就会免于灾难。

（三）

【原典】

穷^①则独善其身，达^②则兼善天下。

——（战国）孟轲《孟子·尽心上》

【注释】①穷：没有出路、仕途不顺。

②达：仕途顺利。

【译文】君子在窘困不得志的时候，也不忘修养自身；在飞黄腾达的时候，就想着造福于天下苍生。

（四）

【原典】

君子之守，修其身而天下平。

——（战国）孟轲《孟子·尽心下》

【译文】君子要遵守的准则是，修养自身，天下太平。

（五）

【原典】

古之欲明明德于天下者，先治其国；欲治其国者，先齐其家；欲齐其家者，先修其身；欲修其身者，先正其心；欲正其心者，先诚其意；欲诚其意者，先致其知；致知在格物^①。

——《礼记·大学》

【注释】①格物：推究事物的道理。

【译文】古代那些想要在天下推广光明正大品德的人，先要治理好自己的邦国；想治理好邦国，先要管理好自己的家；想管理好自己的家，先要修养自身；想修养自身，先要端正自己的心思；想要端正自己的心思，先要使自己的思想真诚；想使自己的思想真诚，先要学得知识；学得知识在于认识、研究万事万物的道理。

（六）

【原典】

修身以为弓，矫①思以为矢，立义以为的②，奠③而后发，发必中矣。

——（西汉）扬雄《法言》

【注释】①矫：端正、纠正。

②的（dì）：箭靶的靶心。

③奠：确定。

【译文】修养自身作为弓，端正思想作为箭，树立道义作为靶标，准备好然后发射，必然一举中的。

（七）

【原典】

救寒莫如重裘，止谤①莫如自修。

——（西晋）陈寿《三国志·魏书·王昶传》

【注释】①谤：议论。

【译文】抵御寒冷没有什么能比得上几层皮裘，制止别人的议论没有什么比得上加强自身修养。

（八）

【原典】

不修身而求令①名于世者，犹貌甚恶②而责妍③影于镜也。

—— （北朝齐）颜之推《颜氏家训·名实》

【注释】 ①令：美好。

②恶：丑陋。

③妍：漂亮。

【译文】 不修养自身还想要在社会上留下美名，就如同相貌很丑陋却想在镜子中找出漂亮的身影来。

（九）

【原典】

君子之修身也，内正其身，外正其容。

—— （北宋）欧阳修《左氏辨》

【译文】 君子修养自身，既要端正内在的品德，又要注意外在的仪容。

 【国学常识】

天一阁与江南士子

在浙江宁波月湖西畔伫立着一座弥漫着古老书卷气息的建筑，这就是目前亚洲最古老的私人图书馆，也是世界上最古老的三大图书馆之一的天一阁。天一阁的创建者范钦酷爱藏书，一生都在收集古代典籍。天一阁所藏图书以地方志和登科录最为珍稀。范钦不仅致力于典籍的搜集整理工作，而且对藏书楼的管理、继承都颇费心力，为其他藏书楼建设的体制提供了优良范本。乾隆年间，皇帝下诏修撰《四库全书》时，范钦八世孙范懋柱进献所藏之书六百多种。乾隆大喜，敕命仿照天一阁兴造了著名的"南北七阁"，用来收藏所修撰的《四库全书》，天一阁从此名扬天下。诸多的藏书楼极度张扬了文化气息，明清时期江南士子队伍得以壮大，人才辈出。昆山顾炎武、吴县惠栋、休宁戴震、金坛段玉裁、高邮王念孙和王引之、瑞安孙诒让，乃至到了晚清还出现了德清俞樾、余杭章炳麟、上虞罗振玉、嘉兴王国维等学术宗师，群星璀璨、著述如林，综合学术成就超过京师和中原。迄今，以天一阁为代表的江南藏书楼已经远远超出了藏书楼自身的价值，更是江浙文化乃至中华文化绵延传承的象征。

 【国学故事】

魏徵论隋炀帝

唐太宗李世民酷爱读书，经常与大臣交流读书心得。有一天，他对侍臣们说："我最近浏览了《隋炀帝集》，发现此人文辞广博精深，论理切中要害，很像古时候的尧舜，并不像夏桀商纣一样的昏君啊，怎么做起事来竟然大相径庭啊？"魏徵回答道："做皇帝即使是圣哲一样的人，也应该时时处处谦虚谨慎，博采建议，这样的话，做大臣的才会贡献自己的聪明才智。这个隋炀帝依仗着自己过人的天资却刚愎自用、固执己见，所以嘴上说着尧帝舜帝一样的话，而自己却做着夏桀商纣一类的事，竟浑然不知道自己身上的过错，最后导致亡国破家。"李世民感叹道："前车之鉴啊，我应该多多反思自己才行，不能重蹈他的覆辙啊。"

唐代阎立本所绘《历代帝王图》之隋炀帝

 【现实启悟】

为官必先修己

　　试问，隋炀帝周围为什么多阿谀奉承之臣？为什么真正的贤能忠臣会被疏远隔离？归根结底，问题出在隋炀帝自己身上，他自高自大，刚愎自用，没能按照自己所说的那样时时处处修持自我，反思德行。

为政者，无论官大官小，职位或高或低，总要识人善用，然而识人用人的前提是先修好自己，自身不正，所观人之眼光也一定不正，观人之眼不正，所用之人也必定不正，所用之人不正，所做之事也必定不正，祸患累积，遭殃的还是百姓，究其所由，是用人者自己德行不正。因此，商纣不正，所以才有费仲、尤浑；高宗不明，所以才有秦桧、万俟卨。

再看党的十八大以来查处的腐败分子，哪一个不是自己修身养性不够，动摇了理想信念，丧失了党性原则，忘记了"为人民服务"的初衷，放松了对自身的要求，追逐名利，贪图享受。用看完礼单和美色的眼睛来处理政务、选人用人，焉能不出错？更有甚者徇私舞弊，置党纪国法于不顾，最终难逃法网，悔不当初。

"三严三实"专题教育对干部提出了新的要求，其中摆在首位的就是"严以修身"，涵盖了加强党性修养、坚定理想信念、提升道德境界、追求高尚情操四个方面的内涵，为政者要以修己以安人、修己以安民的高度责任感，从这四个方面严格要求自己，不断砥砺品行，养成高尚情操，树立良好的领导形象，以自身的人格力量和领导魅力感染人、凝聚人，团结带领广大人民群众，为实现中华民族的伟大复兴努力奋斗。

二、修己重在养德

（一）

【原典】

大上①有立德，其次有立功，其次有立言，虽久不废，此之谓不朽。

——（春秋）左丘明《左传·襄公二十四年》

【注释】①大（tài）上：最高的。

【译文】修养的最高层次是树立自己的德行，其次是建立功勋，其次是著书立说，即使时间过去很久也不会遗忘，这就叫作不朽。

（二）

【原典】

君子怀①德，小人怀土。

——春秋《论语·里仁》

【注释】①怀：关心、思考。

【译文】君子关心的是道德，小人关心的是土地。

（三）

【原典】

见贤思齐焉，见不贤而内自省也

——春秋《论语·里仁》

【译文】 见到贤人就要想着向他的美德看齐，见到不贤的人就要反省自己有没有这样的恶行。

（四）

【原典】

天行①健，君子以自强不息；地势坤②，君子以厚德载物。

——战国《周易·乾卦》

【注释】 ①行：道、道路。
②坤：柔弱、和顺。

【译文】 天道刚健，君子要奋发图强而永不停息；地势和顺，君子要培养深厚的德行来承载万物。

（五）

【原典】

立事者不离道德，调弦者不失宫商①。

——（西汉）陆贾《新语·术事》

【注释】 ①宫商：我国古代五声音阶中的五个音级，即宫、商、角、徵、羽。相当于简谱中的1、2、3、5、6。

【译文】 建功立业不能没有道德的约束，调和琴弦不能脱离曲调的限制。

（六）

【原典】

芝兰①生于深林，不以无人而不芳，君子修道立德，不谓穷困而改节。

——《孔子家语·在厄》

【注释】 ①芝兰：芝指的是灵芝，兰是兰草，泛指香草。

【译文】 灵芝和兰草生长在山林深处，不因为没有人观赏就不散发芬芳；君子修养道德，不因为身处困境就改变自己的节操。

（七）

【原典】

夫君子之行，静以修身，俭以养德。非澹泊无以明志，非宁静无以致远。

——（三国蜀）诸葛亮《诫子书》

【译文】 君子的行为，用静思修养身心，用俭朴培养品德。不淡泊就没有办法使自己的志向明确，不宁静就不能实现远大抱负。

（八）

【原典】

君子不患位之不尊，而患德之不崇。

——（南朝宋）范晔《后汉书·张衡列传》

【译文】 君子不要担心地位不够尊贵，而是担心德行修养不够深厚。

（九）

【原典】

君子之游世也以德，故不患乎无位；小人之游世也以利势，故患得患失，无所不为。

——（南宋）胡宏《胡子知言·好恶》

【译文】 君子在世上生存依靠德行，所以不担心没有地位；小人在世上生存靠权势利益，所以总是担心得到什么、失去什么，就没有什么事是不能做的了。

 【国学常识】

承载士人终极理想的"横渠四句"

"雅言传承文明，经典浸润人生"，张载的"为天地立心，为生民立命，为往圣继绝学，为万世开太平"，被当代哲学家冯友兰称作"横渠四句"，由于言简意宏，一直传颂千年不衰，至今仍放射着璀璨夺目的思想光辉。

张载（1020—1077），凤翔郿县（今陕西眉县）横渠镇人，故又称"张横渠"，与周敦颐、邵雍、程颐、程颢合称"北宋五子"，理学学派"关学"创始人，著有《正蒙》《横渠易说》等。

"横渠四句"出自张载《横渠语录》，"为天地立心"，指人生于天地之间，也要有天地一样的公心，无论做什么事情都要以此为出发点。"为生民立命"，意指作百姓的代表，一切以百姓的利益为努力的方向。"为往圣继绝学"，指要继承、发扬从尧舜周孔到以后的中国文化的主流传统。"为万世开太平"，指开创万世的太平盛世。作为一个知识分子，不应该是一个只知道埋头读圣贤书的书生，而要有恢弘壮阔的思想境界，有为国为民的政治理想。无论盛世还是乱世，儒家强调积极的入世精神，杜甫说："致君尧舜上，再使风俗淳。"读书人要继承尧舜以来的仁德政治思想，秉承天地公心，为天下苍生谋福利，建立万载清平的永久盛世。

【国学故事】

曾参不受鲁君邑

一代圣人孔子有一个弟子叫曾参，就是我们读《论语》时经常碰到的曾子，他生活非常贫困，靠种田为生。有一天，曾参正穿着破旧不堪的衣服耕地，抬头望见鲁国国君的使者来到面前，原来，国君听说曾参是一个很贤德的人，生活又非常困苦，就派使者来送给他一大片土地作为生活来源。没想到曾参却出人意料地拒绝了国君的馈赠，使者三番五次劝他接受，他都严词拒绝始终不肯接纳，使者说："又不是您向别人低三下四乞求得来，正相反，是国君主动赠送给您的，为什么不接受呢？"曾参说："我听说'拿别人东西的人害怕别人，给别人东西的人傲视别人'。虽然国君赏赐我也不傲慢地看待我，难道我自己就不会害怕吗？"最终也没有接受国君的赏赐。孔子听说这件事后，说："曾参能说出这样的话，完全可以保全他一生的节操了。"

事实也正是如此，曾子是孔子非常喜爱的弟子，流传后世的"每日三省"正是出自曾子：为人谋而不忠乎？与朋友交而不信乎？传不习乎？一个经常检查自己错误、反思自己行为的人就是对自己严格要求的人，而每天对自己的反思和检省就叫"修己"。

【现实启悟】

挺直"清白"的腰杆

为政者修德，首要是树官德，也就是保持自己正直无私的品格，这也是"官德"最基本的内涵。这就意味着无论何时何地，都要秉持公正、洁身自好，不能无缘无故受人之长。俗话说，"拿人家的手短，吃人家的嘴软"，缺口一旦打开，往后便难以收场。因此，唯有坚决不受，才能保全节操，保全自己独立的人格和为官立场，这就是自重自爱。东汉的杨震拒收学生钱财，"天知，地知，你知，我知"成为为官者慎独的榜样。杨震不仅自己忠正清廉，从来不接受馈赠，也不允许亲朋好友打着他的名号接受，就连子孙们置办产业

"汉杨震却金处"石碑拓片

也不允许，因此子孙的生活常常捉襟见肘。有人劝他为子孙们多少留下一些产业，他却说："让后世子孙被人称为清白官吏的后代，天下还有比这个更丰厚的遗产吗？"一千多年前就能有如此高的思想和境界，比起当今一些假公济私、中饱私囊的干部不知高出多少。

为政者修德，还要修"戒"。不仅要心中有民，还要心中有戒、勤于自省。常怀敬畏之心，慎用手中权力，时刻牢记为民宗旨，时刻牢记党纪国法，讲原则、守底线，挺直自己清白的腰杆，不为私利所困，不为私情所惑，堂堂正正做人、干干净净用权、清清白白做官。

三、格物致知，为官者必为学

（一）

【原典】

知之者不如好之者，好之者不如乐之者。

——春秋《论语·雍也》

【译文】 了解学问的不如喜欢研究学问的，喜欢研究学问的不如把学问当作乐事的。

（二）

【原典】

多闻，择其善者而从之；多见而识之。

——春秋《论语·述而》

【译文】 多听取别人的意见，选择其中合理的部分采纳，多观察各类事情并一定要记在心里。

（三）

【原典】

木受绳①则直，金②就砺③则利，君子博学而参④省乎己，则知⑤

明而行无过矣。

——（战国）荀况《荀子·劝学》

【注释】①绳：木匠用来定直线的墨线。

②金：金属，指金属刀具。

③砺：磨刀石。

④参（sān）：即叁。

⑤知（zhì）：现在写作"智"。

【译文】木料经过墨绳比量后就能取直，刀剑放到磨刀石上磨过就会变得锋利，君子广泛学习并且每天三次反省自己，就会智慧明达、行为没有过错。

（四）

【原典】

少而好学，如日出之阳；壮而好学，如日中之光；老而好学，如炳烛①之明。

——（西汉）刘向《说苑·建本》

【注释】①炳烛：点亮蜡烛。

【译文】少年时代喜好学习，像初升的太阳；壮年时代喜好学习，像中午的太阳；老年时代喜好学习，也会像点燃的蜡烛，光亮照人。

（五）

【原典】

能说一经者为儒生，博览古今者为通人，采掇①传书以上书奏记者为文人，能精思著文连结篇章者为鸿儒。

——（东汉）王充《论衡·超奇》

【注释】①采掇（duō）：摘录。

【译文】能够讲解一本经书的是儒生，博览古今的是通人，采集经传典册能写奏章和报告的是文人，能够深入思考写出系统文章的是鸿儒。

（六）

【原典】

大学须静也，才须学也，非学无以广才，非志无以成学。

—— （三国蜀）诸葛亮《诫子书》

【译文】学习必须心灵沉静，才能需要学习，不学习就不能拓宽自己的才能，没有志向就没有办法完成学业。

（七）

【原典】

闻道有先后，术业有专攻。

—— （唐）韩愈《师说》

【译文】听说道理有先有后，技能学业各有所长。

（八）

【原典】

为学务①日②益，此言当自程；为道贵日损，此理在既盈③。

—— （北宋）苏轼《张寺丞益斋》

【注释】①务：努力从事。

②日：一天天的。

③既盈：已经盈满。古人强调中庸，不足则需添，盈满

则需减。

【译文】从事学习必定要天天有收获，这句话是说自己要要求自己；研究道理最好天天有减少，这个道理在于已经满了就要慢慢减少它。

（九）

【原典】

君子之学必日①进，则日新。不日进者必日退，未有不进而不退者。

—— （北宋）杨时《二程粹言·人物》

【注释】①日：一天天的。

【译文】君子求学一定要每天都有新的收获，每天有收获，每天都会有进步。没有新的收获一定就会一天天退步，不会出现既不进步也不退步的情况。

 【国学常识】

历史上的学校

中国大约在夏朝就有了学校。最初的学校只有贵族子弟才能入学，主要学习文字、礼仪等基本技能知识。直至孔子开办私学，将教学推广到民间，才打破了官学的垄断地位，形成了官学私学蓬勃发展的格局。各个朝代学校的叫法和名称也不同，夏代叫校，殷代叫庠，周代叫序。体制上分为国学和乡学。国学为天子或诸侯所设，包括太学和小学两种，教学内容是以"六艺"（礼、乐、射、御、书、数）为主，小学尤以书、数为主。乡学泛指地方所设的学校。汉代学校分为官学与私学两种。其中私学是私塾性质，主要是启蒙儿童，因此也称蒙学。汉魏设太学，为当时的最高学府，西晋改称国子学，隋代又称国子监，自此国子监便与太学互称。到清朝时在京师设立国学，也称太学、国子监，为全国最高学府。

清代的私塾学堂

【国学故事】

唐太宗论学

唐太宗李世民是我国古代历史上少有的圣贤明君，在他的统治下，唐王朝平定天下后不久就出现了历史上颇为著名的"贞观盛世"，并且迅速进入了全盛时期，迎来了我国古代历史上最为耀眼的大唐时代。这与李世民懂得不断学习的重要性息息相关。

据《贞观政要》记载，有一次，唐太宗对大臣房玄龄说："做人应该不断学习和求问。当初，因为天下不太平，需要东征西讨，南征北战，我总是亲自带领军队参与军事，所以没有闲暇读书。现在好了，四海统一，天下太平，每日在朝堂之上，我都抽空多看看书，有时候确实是没有办法手捧书卷，我就让人站在旁边念给我听。

关于做人的道理和处世的方法，还有政治教化之道都在书里面，读得越多，越能明白圣贤之道，也越接近圣贤之人。古人说：'人啊，如果不学习，就好像面对墙壁一样一无所知，等遇到事情的时候就会觉得错综复杂，毫无头绪。'说得非常有道理。现在回想年轻时候的所作所为，有很多都是不应该的，或者还有更好的解决办法。如果没有读书，或许会一直觉得自己事事都正确呢！"房玄龄听完了他的话，深受触动，连呼"圣明"。

确实，有了这样一个喜爱读书，懂得读书，会读书的君王，身边自然聚集了一群有真才实学的文武大臣，竭忠尽智地辅佐于他，像房玄龄、杜如晦替太宗解决了不少时政难题，被人称为"房谋杜断"。一代名相魏徵更是他的左膀右臂，时常对他提出规劝。还有虞世南、褚遂良等人无不是历史上赫赫有名的大臣。那么，在唐太宗的统治下出现大唐"贞观盛世"也就不足为奇了。

【现实启悟】

仕者必为学

先秦《礼记》上说，"玉不琢不成器，人不学不知道"。如果人不去学习就不会懂得自然万物和人世社会的道理。英国思想家培根也有句名言："知识就是力量。"他还条分缕析地把读书的好处给我们讲出来："史鉴使人明智，诗歌使人巧慧，数学使人精细，博物使人深沉，伦理之学使人庄重，逻辑与修辞使人善辩。"毛泽东同志不仅自己常常手不释卷，还要求各级领导干部努力学习，学会管理城市，管理工业。习近平同志十分重视领导干部的学习，多次提到"领导干部要带头加强学习"，他在《之江新语》中写道："要修炼道德操守，提升从政道德境界，最好的途径就是加强学习，读书修德，并知行合一，付诸实践。广大党员干部要养成多读书、读好书的习惯，使读书学习成为改造思想、加强修养的重要途径，成为净化灵魂、培养高尚情操的有效手段。"进入21世纪，时代变化日新月异，信息化的高速发展给每一位党员干部和各级领导的再学习提出了更高的要求和全新的挑战。稍一迟滞就会落后于人，不仅对自己的管理和施政带来影响，有时候还会授人以笑柄，尴尬万千。

习近平同志在中央党校建校80周年庆祝大会上指出："只有加强学习，才能增强工作的科学性、预见性、主动性，才能使领导和决策体现时代性、把握规律性、富于创造性，避免陷入少知而迷、不知而盲、无知而乱的困境，才能克服本领不足、本领恐慌、本领落后的问题。"这番话清楚地点出了"学习"对于领导干部的极端重要性。学习决定着领导干部的素质，领导干部的素质又决定着治国理政的水平，因此领导干部必须重视和加强学习问题。

四、修身要循道

（一）

【原典】

我恒有三宝，持而保之：一曰慈，二曰俭①，三曰不敢为天下先。夫慈，故能勇；俭，故能广；不敢为天下先，故能为成器长。

——（春秋）老子《道德经》

【注释】①俭：约束。

【译文】我有三件珍宝，拥有它们并且当作奇珍异宝。一是慈爱，二是俭啬，三是不敢处于天下人的前面。心性仁慈所以能拥有勇敢；克勤克俭所以能思路宽广；不敢居于天下人的前面，所以才能够成为万物之长。

（二）

【原典】

吾日三省吾身：为人谋而不忠乎？与朋友交而不信乎？传①不习乎？

——春秋《论语·学而》

【注释】①传（chuán）：老师的传授。

【译文】我每天多次自我反省：为人谋划事情是否尽心尽力？与朋友交往是否真诚以待？老师传授的学业是否认真温习了？

（三）

【原典】

三人行，必有我师焉。择其善者而从之，其不善者而改之。

——春秋《论语·述而》

【译文】几个人在一起行走，其中一定有我的老师。选择他们的善行而学习他们，选择他们不好的地方而对照改正自己。

（四）

【原典】

见善如不及，见不善如探汤①。

——春秋《论语·季氏》

【注释】①汤：开水。

【译文】看到好的行为就努力学习，好像总也赶不上。看到不好的行为赶紧躲避，好像把手伸到开水里面一样。

（五）

【原典】

见善则迁，有过则改。

——战国《周易·益卦》

【译文】看到别人的善行自己不具备，就要向他学习以修正自己；看到别人的过错就要审视自己，有则改之。

（六）

【原典】

博学之，审①问之，慎思之，明辨之，笃行之。

——《礼记·中庸》

【注释】①审：清楚、明白。

【译文】要广泛地学习，仔细地求问，谨慎地思考，明确地分辨，笃厚地施行。

（七）

【原典】

兰生幽谷，不为莫①服②而不芳；舟在江海，不为莫乘而不浮；君子行义，不为莫知而止休。

——（西汉）刘安《淮南子·说山》

【注释】①莫：没有人。

②服：佩戴。

【译文】兰草生长在幽深的山谷中，不会因为没有人佩戴就不散发芳香；舟船在江中海上，不因为没有人乘坐就不漂浮；君子施行仁义，不因为没有人了解自己就停止。

（八）

【原典】

见古人之过，得己之过；闻古人之过，得己之过。

——（南宋）杨万里《庸言》

【译文】见到古人的过失，就会发现自己的过失；听到古人的过

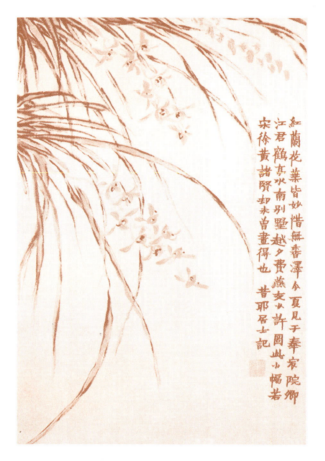

红兰花叶皆妙惜无香泽今夏见于奉宸院卿
江君鹤亭水南别墅越夕费燕支从许图此小幅若
宋徐黄诸贤却未曾画得也 昔耶居士记

清代金农所绘《红兰花图》

失，也会发现自己的过失。

（九）

【原典】

读书欲精不欲博，用心欲纯不欲杂。

——（北宋）黄庭坚《书赠韩琼秀才》

【译文】读书贵精不贵多，读书要思想专一，不要驳杂繁复。

（十）

【原典】

风声雨声读书声，声声入耳；家事国事天下事，事事关心。

——（明）顾宪成《题东林书院联》

【译文】 风声、雨声、读书声，声声送入耳内；家事、国事、天下事，事事都要关心。

 **【国学常识】**

礼义廉耻，国之四维

中国传统价值体系里面有所谓"四维"的说法。"四维"就是"礼义廉耻"，语出《管子·牧民》："国有四维，一维绝则倾，二维绝则危，三维绝则覆，四维绝则灭。倾可正也，危可安也，覆可起也，灭不可复错也。何谓四维？一曰礼、二曰义、三曰廉、四曰耻"，"四维不张，国乃灭亡。"这是两千多年前帮助齐桓王成就霸业的一代名相管仲的千古名言。"礼"指礼仪，"义"指道义，"廉"指廉正，"耻"指羞耻。在管仲看来，尊敬适当的礼仪行为、公正无私的道理道义、清正廉明以及懂得羞耻，是支撑国家大厦的四根柱子。管仲的这一思想一直被历代的统治者和思想家所提倡和实践。明代的顾炎武就特别强调"廉耻"的重要，认为廉耻是立人之大节，不知廉，则无所不取；不知耻，则无所不为。不知廉耻，则无所顾忌无所不为，祸乱败亡皆随之而来。然而事实上，伴随着私有制和阶级社会的产生，腐败问题自古以来就是困扰着各朝代政权的一大顽症。当今，我国政府高度重视廉政建设，各级领导干部要借古鉴今，不断约束自己、廉洁自律。

【国学故事】

西子湖上苏公堤

苏东坡是罕见的才子，文学、书法、绘画精绝。他出身于寒素家庭，一直以"修齐治平"作为自己的人生理想，并以此规约自己、警醒自己，修身、勤政都当以爱民为本。元祐四年（1089年），他出任杭州太守，见偌大的西湖已经成了一片沼泽，杂草丛生，淤泥覆盖。随行官员建议，干脆把湖水排干，开荒种稻，因为湖底的淤泥很肥沃，稻米一定会丰收的，这样赋税一定会增加，皇上肯定对苏东坡赞赏有加，提拔东坡指日可待了。可苏东坡却不赞同，他不愿牺牲百姓利益换取朝廷赞赏，达到个人升迁的目的。他一直在思考如何既能够治理好西湖，又能不劳民伤财呢。

当时恰逢旱灾，农民急需救济。他便利用冬季农闲时期征调城郊农民疏浚河道，挖掘西湖的淤泥，以此发放米粮，以工代赈，救济灾民。工程挖出的淤泥很多无处堆放，而西湖面积很大，行人绕湖一周费时很长，苏东坡便把湖泥堆成长堤，筑成一条南北长堤，六道拱桥贯通两侧湖水。堤岸杂种垂柳桃树，第二年春，工程完工，引钱塘江水流入西湖，桃红柳绿，碧波荡漾，渔船画舫，游人如织。为防止水草肆虐，他又出租水域给农民种植菱角，既可以保障西湖面积又增加了附近农民的收入，一举两得。后来他调离杭州，人们为纪念他的功劳，便把长堤称为"苏堤"，从此美丽的西湖上就多了一条横贯南北的玉带。

【现实启悟】

领导干部重在修身

习近平同志在参加安徽代表团审议时提出了"三严三实"要求，

"严以修身"作为"三严三实"理论的重要内容被提了出来。

"修身"是我国古代一些儒家思想知识分子的人生追求,像"修身齐家治国平天下""穷则独善其身,达则兼济天下"等思想,均强调修身的重要性。修身要严不仅是古人的追求,更是中国共产党人的优良传统。在周恩来45岁生日当天,他为南方局办事处机关的同志作了一场报告后,同志们没有忘记这天是他的生日,特地做了几道简单的菜准备为他祝寿。但周恩来知道后坚持不出席,只让厨房煮了碗面条算是过了生日。当天晚上,他剖析自己、反省自己、写下了著名的《我的修养要则》。那么,现代的领导干部怎样向"严以修身"努力呢?

严以修身,重点要克服那些"不严不实"的问题。当前,不严不实的问题还在一些地方不同程度地存在,有的甚至还比较严重。造成这些问题的原因虽然很多,但主要是自我要求不严,严以修身不够,没有真正解决好世界观、人生观、价值观这个"总开关"的问题。严以修身就要加强学习,补足精神之"钙"。当前,各级领导干部要学好习近平同志系列重要讲话,领会精神实质,指导自己的工作;要学好党章,弄清楚自己该做什么、不该做什么,严守党的政治纪律和政治规矩;学好法律法规,自觉尊法、知法、守法、用法,善于运用法治思维和法治方式推动工作;学习传统文化的精华,从中国浩瀚的历史传统文化中汲取营养;学习英模人物的善行义举,激发自己内心的正能量,激发自己人性中的真善美,提升道德修养,从善如流。领导干部严以修身就是要身体力行,以身作则,带头真抓实干,当好标杆,示范带动,以上率下。忠诚、干净、担当,做廉洁从政的模范,努力营造风清气正的良好政治生态。

五、其身正，不令而行

（一）

【原典】

政者，正也。子帅以正，孰敢不正？

——春秋《论语·颜渊》

【译文】 政字的意思就是要求正直。你带头以身作则做到正直，谁敢不正直呢？

（二）

【原典】

其身正，不令而行；其身不正，虽令不从。

——春秋《论语·子路》

【译文】 自身行为端正，不用给别人下命令人们就会自己去做事；自身不端正，即使下命令人们也不会执行。

（三）

【原典】

枉^①己者，未有能直人者也。

—— （战国）孟轲《孟子·滕文公下》

【注释】①枉：弯曲。

【译文】自己不端正的人，也不可能端正别人。

（四）

【原典】

知所以①自治，然后知所以治人，天下未有不能自治而能治人者也，此百世不易之道也。

—— （西汉）司马迁《史记·平津侯主父列传》

【注释】①所以：用来……方法。

【译文】知道怎样管理自己，然后才能知道怎样管理别人，天下间就没有自己还管理不好却能够管理好别人的事情。

（五）

【原典】

欲影正者端①其表，欲下廉②者先之身。

—— （东汉）桓宽《盐铁论·疾贪》

【注释】①端：端正。

②廉：廉正、正直。

【译文】想让自己的影子端正，就要先使自己的仪表端正，想让手下人廉正，就要先使自身廉正。

（六）

【原典】

上者，民之表①也。表正，则何物不正？

——《孔子家语·王言解》

【注释】①表：古代天文仪器圭表的组成部分，为直立的标竿，用来测量日影的长度。

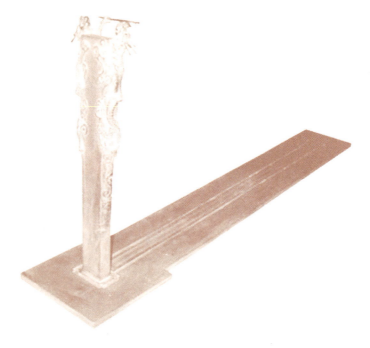

古代圭表

【译文】国君，是百姓的标尺。标尺端正，还有什么东西不能端正呢？

（七）

【原典】

以身教者从，以言教者讼。

——（南朝宋）范晔《后汉书·第五伦传》

【译文】自身作出表率，别人就会追随；用言语教训别人，大家就会引起论争。

（八）

【原典】

上不正，下参差。

——（西晋）杨泉《物理论》

【译文】处于上位的品行不端正，下属就会参差不齐，善恶都有。

（九）

【原典】

若安天下，必须先正其身。未有身正而影曲，上治而下乱者。

——（唐）吴兢《贞观政要·君道》

【译文】想使天下安定，必定要先使自身端正。身体端正可是影子弯曲，上位者行为正直可是下位者混乱的情况从来没有发生过。

（十）

【原典】

以令率人，不若身先。

——（北宋）欧阳修《陈公神道碑铭》

【译文】用命令督促别人，不如自己身先士卒。

（十一）

【原典】

人不率则不从，身不先则不信。

——（元）脱脱等《宋史·宋庠传附宋祁传》

【译文】人不作出表率，百姓就不会追随；不走在百姓的前列，就不能令人信服。

【国学常识】

董狐笔与太史简

董狐是春秋时晋国的史官，当时晋灵公昏庸无道，大臣赵盾屡谏而无效，反而引起晋灵公的杀心。赵盾为躲避祸患而潜逃，还未出国境就接到消息说晋灵公被其族弟赵穿所杀，于是迅即返回。董狐记载"赵盾弑其君"，赵盾对董狐记载表示异议，但是董狐认为赵盾身为正卿，在还没有走出国境的时候就依然是晋灵公的臣下，就应当起兵讨伐弑君者，而赵盾却没有这样做，因此是应当承担弑君之名的。"董狐笔"就是董狐所采用的尊重历史事实而不受强权压迫篡改历史、秉笔直书的方法和态度。

与此相类似的还有齐国太史兄弟的事迹。春秋时，齐庄公因与大臣崔杼之妻私通，而遭崔杼设计杀害。此后崔杼便专断朝政。当时的太史伯秉笔直书"崔杼弑其君"，因此被杀。后太史伯之弟太史仲继任此职，不改直书，又被杀；仲之弟太史叔继之如故，崔杼再杀之；叔之弟太史季仍然坚持直书，崔杼知道强迫起不到任何作用，终于没有再行杀戮。太史兄弟相继被害的消息传到了齐国另一个史官南史氏耳中，他急忙抱着竹简赶来，准备接替太史兄弟，照实记录崔杼的罪状，见太史季已经据实记载，才放心返回。文天祥赞曰："在齐太史简，在晋董狐笔"，虽然在历史记载上有为尊者讳、为亲者讳的传统，但作为史学家的职业操守仍然是要忠实地记录历史，为后代的统治提供借鉴，所以要不畏强权、不谄媚阿谀，不能有丝毫的奴颜和媚骨。

【国学故事】

令行不止与不禁自止

春秋时期齐国国君齐灵公有一个癖好，就是喜欢看女人穿着男人的衣服，于是下令让宫女们都身着男装。没想到的是随后全国各地的女人也都纷纷穿上男装，弄得全国上下男女不分。齐灵公见此情状很不高兴，就下令查禁，规定凡是女扮男装者，一经发现严惩不贷。尽管大力查办，但是并未杜绝这一现象，于是齐灵公就向晏子问计，晏子说："宫中的女子都穿男装，却单独禁止宫外的女子穿男装，这就好比在门外挂着牛头，在门里卖的却是马肉一样，这怎么能够让人信服呢？"齐灵公听完晏子的话，高兴地说："您说得太对了！"于是就又下了一道命令：宫中的女子一律禁止穿戴男人服饰，都恢复女子的装束。这道命令虽然只是给宫里的女人们下的，但是在全国却起到了意想不到的效果，不到一个月，齐国的女子们就没有一个女扮男装的了。从此，齐国女扮男装的怪现象也就悄悄绝迹了。

【现实启悟】

修政德以正人

有令不行，有禁不止，为什么？原因可能源于多方面，但这个故事却告诉我们，最根本的原因恐怕是各级领导没有能够从自身上查找原因，若是能以身作则，身体力行的话，一切命令也许就多余了。

党的好干部杨善洲在担任施甸县县委书记时，组织上提出把他爱人转为城镇户口，他谢绝了。他说："身为领导干部，我应该带个好头。"大亮山林场挂牌后，杨善洲和林场职工同吃同住，起早贪黑，辛苦劳作。有的同志看他年纪大了，想给他开个小灶，他坚决不肯，执意不搞特殊。他的老伴坐过4次林场的吉普车，他为此交了370元的汽油钱。他说："办林场后，领导考虑到我老了，出外办事不方便，就专门为我配了车。但车子是办公用的，不是接送家属子女的。虽然不在岗位了，但原则还是要坚持。"

杨善洲用自己的一言一行诠释着一个共产党员干部应有的准则，人们自然都看在眼里记在心头，无数人把他当作自己学习的标杆和奋斗的楷模，在自己的岗位上发挥聪明才智，为服务百姓贡献自己的力量。为官从政当以杨善洲为榜样，修政德、树政风，做到习近平同志所要求的那样，"以自身的人格魅力，给人们以思想上的正确引导和行为上的良好示范，在领导工作中靠前指挥，在钱物使用上严守规定，在用权用人上坚持原则，在处理问题上公道公正，在解难帮困上尽心尽力，在工作作风上求真务实，在生活待遇上不搞特殊化，在团结共事上胸怀坦荡，努力展示自身过硬、组织信赖、下级钦佩、群众拥护的良好形象。"

第三篇 识才鉴才

"经世之道，识人为先"，识别和发现人才，是用人的前提和基础，关乎事业的成败。善于识别鉴别人才，是一种智慧，同时也需要一定的技巧。古人云："天下岂乏异才哉，顾沉埋之中，识之难耳。"（明·庄元臣《叔苴子·外编》）中华民族向来人才辈出，济济多士。但现实中很多领导却不满用人现状，觉得无人可用。追溯其原因，韩愈说："世有伯乐，然后有千里马；千里马常有，而伯乐不常有。"对于领导者来说，身边也许并不缺乏人才，缺乏的只是伯乐那样一双善于识别人才的慧眼。这就要求各级领导干部炼就"火眼金睛"，提高识才鉴才的本领。

中国恢宏历史，形成了一整套完备的识人的理念和方法，如孔子提出"听其言，观其行""视其所以，观其所由，察其所安"的德考标准；庄子有"远使之而观其忠，近使之而观其敬"的"九征"之法；吕不韦有"八观六验"法等。识人的初步就是"察言观色"，即通过初步观察人的仪容言谈、神情体态、行事交游来评判能力高低、品德优劣，考虑任职与贬黜。获得初步印象之后还要进行德、才的全面考察，古人就有"以贤察贤""询于众人"等有效方法，通过实践的手段进一步检验其处理事务的能力。此外，面临关键时刻、重大关头时，才能愈加看出人才的品质与素养，"雪后始知松柏操，事难方见丈夫心。"（普济《五灯会元》卷十九）能够顶住风雨的侵蚀、能够经受烈火煅烧的人才才会成为民族的栋梁之才、国家的有生力量。这些辨识人才的方法和见解，至今仍闪耀着真理的光辉。领导干部要善于吸收与借鉴这些理论精华，结合工作实际，掌握识人辨才这门学问，力求做到全面客观地识人、选人，使各类人才脱颖而出。

一、事之至难莫如识人

（一）

【原典】

大方^①无隅^②，大器^③晚成，大音^④希^⑤声，大象^⑥无形。

——（春秋）老子《道德经》

【注释】 ①大方：大到极点的方形。

②隅（yú）：角、角落。

③大器：最大的宝器。

④大音：最大的声音。

⑤希：此义今天多写作"稀"，少。

⑥大象：最高级的道理。

【译文】 大到极点的方形没有了直角，最大的宝器最后才做成，最大的声音反而缺少响动，最大的道理没有具体形象可以把握。

（二）

【原典】

治国之难在于知贤而不在自贤。

——（战国）列御寇《列子·说符》

【译文】治理国家的困难在于了解贤才，而不在于自己是个贤才。

（三）

【原典】

使人大迷惑者，必物之相似也。玉人之所患，患石之似玉者；相剑者之所患，患剑之似吴干①者；贤主之所患，患人之博闻辩言而似通者。

————（战国）吕不韦《吕氏春秋·疑似》

【注释】①吴干：吴国出产的干将，是传说中的宝剑，可以截断金属。

【译文】使人产生最大的迷惑的，一定是事物相似。雕琢玉石的人担忧的是，外表像玉的石头；鉴赏宝剑的人担忧的是，遇到像吴国干将一样的剑；贤明的君主担忧的是，看上去像有着广博的学识、能言善辩，貌似学术通达的人。

（四）

【原典】

李子①之相似者，唯其母能知之；玉石之相类者，唯良工能识之；书传②之微者，唯圣人能论之。

————（西汉）刘安《淮南子·修务》

【注释】①李子：双生子、双胞胎。
　　　　②传（zhuàn）：传记。指一种文体。

【译文】相貌相似的孪生子，只有母亲才能分辨；外表相似的美玉和石头，只有高超的工匠能够识别；经书和传记这样的典籍，只有圣人能够阐发其中的微言大义。

（五）

【原典】

骐骥虽疾，不遇伯乐不致千里。

—— （西汉）刘向《说苑·建本》

【译文】 骐骥奔跑的速度很快，但不遇到伯乐，也不能跑到千里之外。

（六）

【原典】

何谓难知之难？人物精微，能神而明，其道甚难，固难知之难也。是以众人之察不能尽备。故各自立度，以相观采。

—— （北朝齐）刘劭《人物志·效难》

【译文】 什么叫作难以了解人才的困难呢？人才精深隐秘，才能

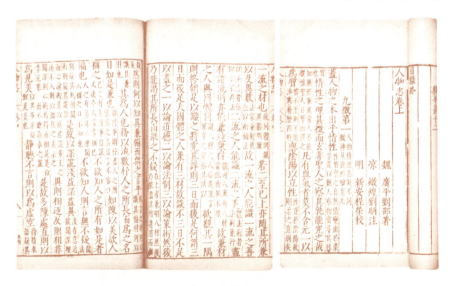

《人物志》书影

高深，见解畅明，他的思想、学识十分高深，本来就是难以了解的困难。因此，人们的观察不能做到完整全面，他们各自制订考察的标准，用来观察人物的风采。

（七）

【原典】

连城之宝，非贫寒所能市①也；高世之器，非浅俗所能识也。

—— （东晋）葛洪《抱朴子·广譬》

【注释】 ①市：买。

【译文】 价值连城的珍宝，并不是贫寒之人所能购买的；远远超出普通人的人才，也不是浅薄的俗人能够识别的。

（八）

【原典】

良玉未剖，与瓦石相类；名骥①未驰，与驽马②相杂。及其剖而莹③之，驰而试之，玉石驽骥，然后始分。彼贤士之未用也，混于凡品，竟何以异。要④任之以事业，责之以成务，方与彼庸流较然不同。

—— （唐）李延寿《北史·苏绰传》

【注释】 ①骥：良马。

②驽（nú）马：劣马。

③莹：玉的光彩。

④要：关键。

【译文】 美玉没有从石头中剖出来，和瓦块石头没有区别；名马没有跑起来，是与劣马混杂在一起的；等到美玉被剖出来就散发出迷人的光彩，名马奔跑起来进行试验就体现出出众的能力，这样美玉和石头、名马与劣马才能分辨清楚。那些贤士没有任用时，与凡人混在一起，最终无法区分。关键是要任用他从事工作，要求他完成事务，才能和平庸的人明显区分。

（九）

【原典】

世有伯乐，然后有千里马。千里马常有，而伯乐不常有。

——（唐）韩愈《马说》

【译文】世上有了伯乐，然后才有了千里马。千里马经常存在，而伯乐却不经常出现。

（十）

【原典】

周公恐惧流言①日，王莽谦恭②未篡时。向使当初身便死，一生真伪复谁知。

——（唐）白居易《放言·之三》

【注释】①周公恐惧流言：周公辅佐武王，功勋卓著。后来武王病重，周公祈告上天，愿以自身替代，册文放在金匮里。武王驾崩，成王即位，周公辅政，管叔、蔡叔污蔑周公有篡代之心。有一天天降风雷，击开金匮，成王见到册文，才知道周公的忠心，于是放逐管叔、蔡叔，迎接周公回朝。

②王莽谦恭：王莽意图篡位，但怕人心不服，于是礼贤下士，假行公道，天下人都称颂王莽的功德。于是王莽杀死汉平帝，建国号为新。

【译文】周公恐惧流言的时候，人们都认为他是奸臣，王莽谦恭下人没有篡位的时候，人们都认为他是良臣。假如在这个时候二人死去了，他们一生的真假忠奸有谁能知道呢？

（十一）

【原典】

有天下者，以知人为难，以亲贤为急。

—— （北宋）程颢、程颐《二程集·河南程氏遗书》

【译文】 拥有天下的天子，把了解人才当作困难的事，把亲近贤人当作紧要事务。

（十二）

【原典】

事之至难，莫如知人；事之至大，亦莫如知人；诚能知人，则天下无余事矣。

—— （北宋）陆九渊《陆象山全集》

【译文】 最难的事情，没有什么比得上了解人才；最大的事情，也没有什么比得上了解人才；果真能够识别人才，那么天下就没有别的事情了。

【国学常识】

圣人不相及庄子的审丑思维

战国时的名士蔡泽来到魏国，魏国有个唐举，对他说："我听别人说：'圣人都没有个好相貌'，这句话大概说的是先生这样的人吧？"因为蔡泽长着塌鼻子、短鼻梁、缩颈、耸肩、脸上有黄毛、两腿伸不直，所以唐举才这样开他的玩笑。与此相类似的还有庄子。

在《庄子》一书中，庄周描绘了一些外表丑陋的人物。《德充符》中提到了几个人比较有名，像没有脚的王骀、没有脚趾的叔山无趾、相貌奇丑的女子哀骀它，这几个人虽然相貌千奇百怪，但是德行充裕，就像庄子所说的："德有所长，而形有所忘。"人们与之接触只感受到了他们品德的魅力，而忽略了外在的相貌，所以有人说庄子是中国第一个审丑的人。除此以外，我们在典籍中还会发现类似的例子，像秦穆公手下脚跛的蹇叔，秦昭王手下肋骨打折、牙齿打落的范雎，齐威王手下被挖去膝盖骨的孙膑和被剃掉头发的淳于髡、乃至汉武帝身边遭受宫刑的司马迁等，这些人都是身体发育不正常，或是身体有了残缺，但是锦心绣口，道德、才学高超，所以都成为优秀人才。

中国传统识人之术，有观相识人，即通过观察人的相貌，利用眼、耳、鼻、舌、身、意，佛家所谓的"六根"可以鉴定人才。一个人长相端正、身材魁梧，就称之为相貌堂堂，有官相，像《西游记》中的唐三藏就是典型。但是识别人才、鉴别人才也不能一概根据相貌来定，还要在相貌之外考察一下他的学识、品行、能力，这样才算是科学的人才选择标准。

【国学故事】

齐桓公难识宁戚

宁戚，春秋莱棠邑（今青岛平度）人，一说是卫国（今河南境内）人，早年怀经世济民之才而不得志。齐国宰相管仲领兵讨伐宋国时，宁戚前来拜见，与管仲谈论天下局势，深得管仲赏识。于是管仲为宁戚写了一封推荐信，让宁戚拿着信去见齐桓公。宁戚带着信来到齐国，见到齐桓公之后，并没有立即拿出管仲的信，而是对齐桓公大加嘲讽，说他大逆不道，靠杀兄得位，好用武力，导致民不聊生。齐桓公大怒，下令马上斩了宁戚。眼看就要被问斩，宁戚始终怒目威严，毫无惧色。齐桓公见他威武不屈，觉得宁戚是个人才，便令武士放了他，并奇怪地问："我看先生不是常人，不像是专门来这里羞辱我的，有什么要求你尽管说，只要能办到，我一定会帮你实现。"宁戚这才拿出了管仲的推荐信，并表达自己向往明君、想建功立业之意。齐桓公疑惑地问道："你有仲父的推荐信，怎么不早点拿出来给我看？我差点杀了你铸成大错。"宁戚说："明君挑选大臣，臣子也选择君王，您要是不善纳谏，只喜欢阿谀奉承的人，我宁愿死，也不会把推荐信拿出来。"齐桓公听后，对宁戚大为赞赏，对他的才能经过一番考察后，便拜宁戚为大夫。后来，宁戚为辅佐齐桓公霸业立下了大功。

宁戚贩牛图　明　周臣

【现实启悟】

领导干部要在识人上下功夫

宁戚得遇善识人的齐桓公，是他的幸运。但即便贤明如齐桓公者，也差点错杀了宁戚，险些错失一名股肱之臣。因此孔子说："智莫难于知人。"识人难，难就难在人性的难以把握，难在人心的深不可测，还难在人的多变和善于伪装。有的人表面忠厚、内心狡诈，有的人看起来木讷、内里又很有才。正如人们常说的："好人坏人又没写在脸上，叫我们如何去分辨？"

习近平同志在全国组织工作会议上指出："对干部的认识不能停留在感觉和印象上，必须健全考察机制和办法，多渠道、多层次、多侧面深入了解。要近距离接触干部，观察干部对重大问题的思考，看其见识见解；观察干部对群众的感情，看其品质情怀；观察干部对待名利的态度，看其境界格局；观察干部处理复杂问题的过程和结果，看其能力水平。"这"四观四看"法便是我们识人辨人的重要标准和方法，具体实践中还需要培养敏锐的洞察力，坚持透过表象看人的本质、本性，不被假象所惑，这样才能去伪存真，把那些表里不一、善于弄虚作假的伪才鉴别剔除，把真正的优秀人才识别挖掘出来。

二、相面识人需谨慎

（一）

【原典】

存乎人者，莫良于眸子①。眸子不能掩其恶。胸中正，则眸子瞭②焉；胸中不正，则眸子眊③焉。听其言也，观其眸子，人焉廋④哉！

——（战国）孟轲《孟子·离娄上》

【注释】①眸子：瞳仁，代指眼睛。

②瞭（liǎo）：眼睛明亮。

③眊（mào）：眼睛迷蒙，看不清东西。

④廋（sōu）：隐藏、隐蔽。

【译文】在人的身上，没有什么比眼睛更能透漏信息的了。眼睛不会掩饰人的恶念。胸中有正气，眼睛就明亮；胸中有邪气，眼睛就模糊不清。听了他的言论，再观察他的眼睛，这人的善恶哪里能藏得住！

（二）

【原典】

相①形不如论心，论心不如择术；形不胜心，心不胜术；术正而心顺之，则形相虽恶而心术善，无害为君子也。形相虽善而心术恶，无害为小人也。

——（战国）荀况《荀子·非相》

【注释】①相（xiàng）：观察、仔细看。

【译文】看人的容貌不如观察他的内心，观察内心不如研究他的所行所学；外貌不能决定人的内心，而内心又受所行所学的影响；所行所学正确，内心也顺着它，那么外貌虽然丑恶心术也会善，不妨碍成为君子。所学所行不正，那么形象虽然很好心术也会恶，终究还会成为小人。

（三）

【原典】

观其容而知其心矣。

——战国《国语·周语下》

【译文】观察他的容貌就可以了解他的内心了。

（四）

【原典】

以言取人，人饰其言；以行取人，人竭①其行。饰言无庸②，竭行有成。

——先秦《逸周书·芮良夫》

【注释】①竭：尽力，想方设法。
　　　　②庸：用。

【译文】根据言谈来取人，人就会修饰他的言辞；根据行动来取人，人就会尽力去行动。修饰言辞没有用处，尽力做事必有成果。

（五）

【原典】

相马失之瘦，相士失之贫。

——（西汉）司马迁《史记·滑稽列传》

【译文】 观察马的优劣，往往因为马瘦而错失了良马；考察人才能的高低，往往因为人穷而失掉了贤士。

（六）

【原典】

智愚勇怯，形于一寸之目。

——（西晋）傅玄《傅子·阙题》

【译文】 智慧愚昧、勇敢怯懦，往往体现在一寸那么大的眼睛里。

（七）

【原典】

不采识治之优劣，专简①年劳②之多少，斯非尽才之谓。

——（北朝齐）魏收《魏书》

【注释】 ①简：挑选、选拔。
②劳：言论方面的功劳。

【译文】 不识别才能之好坏，专根据年龄资格和言论来选拔人才，就不能使才尽其用。

（八）

【原典】

观貌之是非，不若论其心与其行事之可否为不失也。

——（唐）韩愈《杂说》

【译文】从人的外貌看其是好还是坏，不如从其品德和行为来判断其好坏。

（九）

【原典】

明主所以择人者，阅其才通而周监，其貌厚而贵，察其心贞而明。

——（唐）李筌《太白阴经》

【译文】明主选拔人才的方法是：考察他的才能，要求博通而周密；观察他的相貌，要求敦厚而尊贵；察看他的品行，要求忠贞而端正。

（十）

【原典】

人不可貌相，海水不可斗量。

——元《小尉迟》（杂剧）

【译文】不可用人的相貌去衡量人，不能用盛酒的酒斗去测量大海的水。

用人治要

中国第一部品鉴人物的人才学论著

魏晋时期推行九品中正品评人物、选择人才，因此对人物才性的品鉴就成为选拔考察人才时的重要依据。刘劭的《人物志》便是"应时"之作。

《人物志》约成书于魏明帝曹睿时期（227—239），作者刘劭，为广平邯郸（今属河北）人。汉献帝时历任官太子舍人、秘书郎等。在魏朝担任尚书郎、散骑侍郎、陈留太守，封关内侯。《人物志》共两卷十二篇，主要品评人物和人才选拔的标准原则问题。"物"是品类的意思，"人物"就是"人的品级、类别"的意思。书中将人分为"三材""十二流品"等品级，圣人是最高人生境界，英雄次之。

书中还介绍了识辨人才的方法。刘劭认为人"禀阳阴以立性，体五行而著形"，所以通过人的形质可观察其才性。识人不仅要看外貌，还要看内在气质；不仅听其言，还要观其行。评价人物的方法有"九征"与"八观"，但人才又难识，因此识人易犯的错误就是"七谬""效难"等。《人物志》作为我国第一部系统品鉴评论人物的专著，反映了汉末魏初用人制度的趋势，开魏晋士大夫品鉴人物的清淡风气，对当时和后世都产生了重要影响。

曾国藩相面识人才

被誉为晚清"第一名臣""千古完人"的曾国藩，以自己的文韬武略、智谋权变，力挽清王朝于既倒，官至两江总督、直隶总督、大学士等，堪称"官场楷模"。曾国藩的成功与他拥有一支庞大的人才队伍是分不开的，而能笼络到天下贤才，与他善于体察入微、洞悉人心、辨识人才有着很大关系。李鸿章曾向曾国藩举荐了三个人，这天他带着三人去拜见曾国藩，到的时候，曾国藩正好去散步了，三人就在大厅外等候。等曾国藩回来，李鸿章告知情况，请曾国藩留下三人以便考察任用。曾国藩说："不必考察了，最左边高个子的那人是个忠厚老实人，为人本分，做事小心，可吩咐他做一些不需机变、踏踏实实的工作；中间那个小个子人口是心非，阳奉阴违，让他办差会不听指挥和吩咐，不能重用，实在要用，也只派一些无关紧要的差事；最右边脸上有麻子的那人有将才风范，胸怀韬略可安黎民，应予重用。"李鸿章听后大吃一惊，问道："您才刚见他们，

曾国藩及其幕僚

是怎么看出来的呢？"曾国藩说："我刚才回来时从那三个人身旁经过，左边那人一直低着头，不敢看我，可见是个老实本分的人；中间那人表面恭敬，我刚走过，就开始东张西望，可见是个表里不一的人；右边那人器宇轩昂，始终目视前方，为人正直，是一位能担

大任的将帅之才。"李鸿章听后敬佩不已。之后,这三个人的发展果然如曾国藩所料。被曾国藩称为有大将之才的人,就是日后收复台湾并担任台湾首任巡抚的一代名将刘铭传;高个子的叫作张树声,他因忠厚谨慎、办差认真后来官至两江总督。而那个小个子的,靠着溜须拍马、投机要滑,升到了道台也就到头了。

【现实启悟】

细微之处识人才

曾国藩一个照面就能识人,固然是因为他拥有高超的相面术,但也得益于他敏锐的洞察力。古人说,见微知著,曾国藩辨识良才,察的就是细节。事实上,细节可以反映一切。习近平同志曾说:"于细微处见精神,于细微处也见品德。小事小节是一面镜子,能够反映人品,反映作风。"细节虽小,却是事物发展的关键和突破口,代表着发展方向。只要抓住了细节,往往能事半功倍。现实中,也有很多因忽略细节错失发展良机乃至满盘皆输的例子。古英格兰流传着一个"一钉损一马,一马失社稷"的故事。英国国王查理三世将与里奇蒙德决一死战。战争开始前,查理派人去给自己的战马钉马掌,钉到第四个时,铁匠发现少一颗钉子,现打铁显然来不及,为了不耽误时间,马夫和铁匠便敷衍了事,将第四个掌凑合着钉上了。战场上,查理骑着战马冲锋在前,忽然一只马掌掉了,他被掀翻在地不战而败,国王宝座也旁落他人。这就是细节上偷懒输掉一个国家的故事。可能有人会觉得这个例子离我们过于遥远,但现实生活中,因不注意细节失掉工作机会的事情却时有发生,或者是身边的朋友,或者就是我们自己。因此,做一切工作,都要从大处着眼、小处入手,树立细节意识,善于注重细节、把握细节,把细节做细、做实、做好,如此方能立足于全局之中、决胜于细微之处。

三、听其言，更要观其行

（一）

【原典】

视其所以^①，观其所由^②，察其所安，人焉^③廋^④哉。

——春秋《论语·为政》

【注释】　①以：用、根据。

②由：方法、途径。

③焉：哪里。

④廋：隐藏。

【译文】　观察一个人，要看他做事的缘由，观察他为实现目标所采用的方法，考察他做事的心态，这样，他还能隐藏什么呢？

（二）

【原典】

始吾于人也，听其言而信其行；今吾于人也，听其言而观其行。

——春秋《论语·公冶长》

【译文】　起初，我对别人，听了他的话就会相信他有这样的行为；现在我对别人，听了他的话还要观察他的行为。

（三）

【原典】

君子不以言举①人，不以人废②言。

——春秋《论语·卫灵公》

【注释】①举：提拔。

②废：放弃。

【译文】君子不因为一些人话说得好听就提拔他们，不因为一些人品德不好而不采纳他们说的正确的话。

（四）

【原典】

观之以其游，说之以其行，君无①以靡曼②辩辞定其行，无以毁誉非议定其身，如此，则不为行以扬声，不掩欲以荣君。故通则视其所举，穷③则视其所不为，富则视其所不取。

——（春秋）晏婴《晏子春秋·问上》

【注释】①无（wù）：通"毋"，不要。

②靡曼：华丽。

③穷：穷困、没有出路。

【译文】通过一个人的交往观察他，通过一个人的行为讨论他，国君不要依靠华丽、诡辩的言辞定性他的行为，不要因为诋毁、赞美、非议决定他的身份，像这样，不做别有用心的事来宣扬自己的名声，不掩饰自己的欲望来突出君主。所以仕途通达就要看他举荐的人，仕途没有出路就要看他的行为，家中富足就要看他不取用的东西。

（五）

【原典】

审^①其所好恶，则其长短可知也；观其交游^②，则其贤不肖^③可察也；二者不失，则民能可得而官也。

——（春秋）管仲《管子·权修》

【注释】 ①审：清楚、明白。

②交游：结交朋友。

③不肖：不成材。

【译文】 弄清一个人喜好和厌恶的东西，那么就可以知道他的长处、短处了；观察他交往的朋友，那么他是不是人才就清楚了；弄明白了这两方面，就可以对臣民进行有效管制了。

（六）

【原典】

凡论人，通则观其所礼，贵则观其所进，富则观其所养，听则观其所行，止则观其所好，习则观其所言，穷则观其所不受，贱则观其所不为。

——（战国）吕不韦《吕氏春秋·论人》

【译文】 凡是评判人物，如果他显达，就要考察他所礼遇的都是什么人；如果他尊贵，就要考察他所举荐的都是什么人；如果他富有，就要观察他赡养的都是什么人；如果他听言，就要观察他所采纳的都是什么；如果他闲居在家，就要观察他所喜好的都是什么；如果他学习，就要观察他所说的都是什么；如果他困窘，就要观察他所不接受的都是什么；如果他贫贱，就要观察他所不做的都是什么。

（七）

【原典】

听言不如观事，观事不如观行。听言必审其本，观事必校其实，观行必考其迹。

——（西晋）傅玄《傅子·通志》

【译文】只听别人的话不如观察他做的事，观察他所做的事不如观察他的行为。听了别人的话一定要追究到他的根本，观察事物一定要核对他的事实，观察行为一定要考察他的事迹。

（八）

【原典】

八观者：一曰观其夺救，以明间杂。二曰观其感变，以审常度。三曰观其志质，以知其名。四曰观其所由，以辨依似。五曰观其爱敬，以知通塞。六曰观其情机，以辨恕惑。七曰观其所短，以知所长。八曰观其聪明，以知所达。

——（北朝齐）刘劭《人物志·八观》

【译文】八方面观察指的是：第一，观察他所救护的人，来辨明与其混杂在一起的人；第二，观察他的感受变化，来审视常见的情况；第三，观察他的本质，了解他的名声；第四，观察他行为的来龙去脉，以辨别与他相似的类型；第五，观察他在爱和敬方面的态度，以了解他与别人的交流是否畅通；第六，观察他的情绪变化，以辨别他是精明还是糊涂；第七，观察他的短处在什么地方，以知道他的长处所在的位置；第八，观察他的所听所见，来了解他达到的程度。

（九）

【原典】

居视其所亲，富视其所与①，达视其所举，穷视其所不为，贫视其所不取，五者足以定之矣。

—— （西汉） 司马迁 《史记·魏世家》

【注释】 ①与：交往、结交。

【译文】 闲居时看他亲近的对象，富足时看他结交的对象，仕途通达时看他举荐的对象，仕途不顺利时看他不做的事情，贫穷时看他不取用的东西，这五个方面足以看出一个人的品行。

（十）

【原典】

夫取人之术也，观其言而察其行。夫言者所以抒其匈①而发其情者也，能行之士，必能言之，是故先观其言而揆②其行。夫以言揆其行，虽有奸轨③之人，无以逃其情矣。

—— （西汉） 刘向 《说苑·尊贤》

【注释】 ①匈：通"胸"。

②揆（kuí）：揣测。

③奸轨：为非作歹的人。

【译文】 取用人才的办法，就是观察他的言辞而考察他的行为，言辞就是抒发胸臆、表达情感的话语。能够践行的人，必能善谈，所以先观察他的言辞再衡量他的行为。如果能够用他的话对照他的行为，即使奸恶的人，也无法掩盖他的真实面目。

用人治要

半部书治天下

儒家倡导积极的入世精神，学好知识要应用到家国天下的治理上来。宋初宰相赵普，有人说他平生只读过《论语》一本书。有一次宋太宗赵匡义就这件事问他，赵普说："我平生所知道的却是没有超出《论语》的范围，我用半部《论语》辅助太祖平定了天下，还有半部可以辅佐陛下迎来太平盛世。"《论语》全书内容丰富，包括从政、礼乐、仁德、言行、处世、修身等，都是治理国家的基本理念，如果认真履行，一定可以定天下、致太平，所以赵普就成了历史上有名的"半部《论语》治天下的宰相"。

从赵普平生履历来看也确实实现了儒家的入世精神。赵匡胤陈桥兵变时赵普是他的书记官。赵普与诸位大将合谋灌醉赵匡胤使他黄袍加身。此后平定李筠和李重进叛乱、杯酒释兵权、解决藩镇拥兵自重的重大问题，赵普都参与其中并发挥了重要作用，先后三次拜相，宠信有加。赵普死后，追封韩王，配享太祖庙。虽然我们不认为赵普真的只读过《论语》一本书，但是儒家经典对于人才的成长、国家的治理起到的作用也可见一斑。

【国学故事】

张浚的悲剧

张浚与赵鼎是南宋著名的主张抗金的两位统帅，两人交好，共同辅佐朝政。当初，张浚觉得秦桧面目刚直、言辞义正，是个不可多得的人才，对秦桧大加赞赏、大力推荐。赵鼎不同意，说："如果此人得志，我们将无处身之地。"张浚不以为然，继续推荐秦桧，赵鼎也只好同意了。于是三人一起共事，秦桧逐渐掌握了权力。但是秦桧为人外表随和、内心阴险狡诈，善于见风使舵，张浚逐渐发现了他的缺点，便不再荐举他。秦桧因此嫉恨张浚，对赵鼎说："皇上想召见重用您，偏偏张浚却一味故意挽留。"赵鼎听信了他的话，开始疏远张浚，秦桧成功地挑拨了两人关系，假意投靠赵鼎，对其唯

张浚、张栻石刻（在今连州中学校园内）

命是从，自此深得赵鼎的信任和照拂，官也越做越大，等到大权在握，便开始对两人进行打击报复。在秦桧的一再迫害下，张浚被迫辞官，而赵鼎为了不连累家人，竟然绝食而死，结局很是悲惨。

【现实启悟】

领导干部切忌以貌取人

善于知人的张浚，曾为朝廷选拔了岳飞、韩世忠等一大批名臣重将。但他被秦桧的外表和言语所惑，仅凭言谈举止就认定秦桧是个人才，并不断提携重用，等到发现"识人不淑"时，局面已然不

可控制，追悔莫及，不仅自己遭殃，更使南宋朝廷遭受了巨大损失，岳飞等一大批忠臣被害死，国家的根基被动摇。在秦桧的极力推动下，南宋向金称臣，割地求和，再无主权可言。

张浚的悲剧给我们的启示主要有两点：一是在人才的选拔任用上，领导干部仅凭自己的一双眼睛识人辨才，很可能会看人不准、用人不当。对此，习近平同志说过，不仅要擦亮自己的一双"眼睛"，坚持原则，严格标准，不搞感情用事，摒弃个人好恶的影响，摆脱亲疏远近的干扰，树立正确的用人导向。同时，还要用好集体的多双"眼睛"，多视角、多侧面、多层次地了解一个干部，尽量避免"失真"。二是以貌取人、以言举人很可能"失真"，容易出错。"试玉要烧三日满，辨材须待七年期。"人才的辨识需要在实践中用时间来检验，切忌以貌取人，要在一个较长的时间段里"听其言观其行"，看其长期表现。要坚持全面、历史、辩证的观点，才能选出真正的好干部。

四、器试知利钝，辨才须实践

（一）

【原典】

听其言，迹①其行，察其所能，而慎予官。

——（战国）墨翟《墨子·尚贤中》

【注释】 ①迹：追踪，考究。

【译文】 听他的言论，察看他的行为，考察他的能力从而谨慎地授予他官职。

（二）

【原典】

故君子远使之而观其忠，近使之而观其敬，烦使之而观其能，卒然问焉而观其知，急与之期而观其信，委之以财而观其仁，告之以危而观其节，醉之以酒而观其侧，杂之以处而观其色。九征至，不肖人得矣。

——（战国）庄周《庄子·列御寇》

【译文】 所以君子派他到远方去办事来考察他的忠心，指使他到近处办事来考察他的恭敬程度，派他去做复杂的事情来考察他的能

· 103 ·

力，突然向他发问来考察他的智慧，紧急与他约定日期来考察他的信用，把财物堆积在他这里来考察他的仁爱之心，把危难告诉他来考察他的气节，使他喝酒沉醉来考察他是否遵守规则，将他与女子混在一起来考察他是否近女色。九种方法使出来，没有才能的人就会被摒弃。

（三）

【原典】

不听其言也，则无术者不知；不任其身也，则不肖者不知；听其言而求其当，任其身而责其功，则无术不肖者穷矣。夫欲得力士而听其自言，虽庸人与乌获不可别也；授之以鼎俎，则罢健效矣。故官职者，能士之鼎俎也，任之以事而愚智分矣。

——（战国）韩非《韩非子·六反》

【译文】不听他讲话，就不会知道他有没有思想；不任用他，就不会知道他有没有才能；听了他讲话而且要求他发言恰当，任用了他并且要求他立功，那么无才、不成才的人就无路可逃。想要发现一位力士，假如只听信他的言论，即使庸人和大力士乌获也不能分辨，可是如果给他一尊大鼎，那么疲软还是强健就很明显了。所以说，官职就是能士的大鼎，任命他来做事，愚昧还是智慧就可以区分了。

（四）

【原典】

观容服，听辞言，仲尼不能以必士；试之官职，课①其攻伐，则庸人不疑于愚智。

——（战国）韩非《韩非子·显学》

【注释】①课：考核、检验。

【译文】只看容貌服装，只听言语说话，就是仲尼（孔子）也不一定能识别得了贤士；用官职试用他，考核他的功绩，即使庸人也不难辨明谁愚蠢谁聪明。

（五）

【原典】

剑不试则利钝闇①，弓不试则劲挠诬，鹰不试则巧拙惑，马不试则良驽疑。此四者之有相纷也，由不考试故得然也。

—— （东汉）王符《潜夫论·考绩》

【注释】①闇（àn）：晦暗、不清楚。

【译文】宝剑不试一试，就不知道它锋利还是拙钝；弓箭不试一试，就不知道它是强劲还是薄弱；猎鹰不试一试，就不知道它捕获猎物能力的高低；战马不试一试，就不知道它是良还是驽。这四方面会杂然纷乱，都是由于不试验的缘故。

（六）

【原典】

凡贤者，能者，皆先试以事，久而有功，然后授之以爵，得禄食也。

—— （北宋）李觏《考能》

【译文】凡是贤能、有才干的人，一律先让他做事，以此来试验他，时间长了，建立了功劳，然后再授予他官爵。

（七）

【原典】

人才以用而见其能否，安坐而能者不足恃也。

——（南宋）陈亮《上孝宗宣帝第一书》

【译文】人才要被任用才能看出是否有能力，安坐一旁显得有能力的人，不值得依靠。

（八）

【原典】

器必试而后知其利钝，马必驾而后知其驽良。

——（明）张居正《陈六事疏》

【译文】工具一定要试过以后才知道它是锋利还是拙钝，马匹一定要驾上车以后才知道哪一个是良马哪一个是劣马。

 【国学常识】

凌烟阁与云台阁

唐代诗人李贺曾写过一首《南园》："男儿何不带吴钩，收取关山五十州。请君暂上凌烟阁，若个书生万户侯。"诗中所说的凌烟阁是唐朝大明宫内的一座小楼。大唐贞观十七年（643 年），唐太宗为了纪念当年一同打江山的老臣，命令阎立本画了二十四位功臣的画像，有真人大小，褚遂良题字，挂在凌烟阁内，自己时常前去欣赏回忆。

汉光武帝刘秀中兴汉室，南征北讨，手下名臣云集。汉明帝为二十八位功臣画了画像，挂在南宫云台阁，史称"云台二十八将"，人们熟悉的邓禹、铫期、马武都身在其中。

凌烟阁与云台阁一方面是君主登基后不忘当年追随自己打天下的臣子，纪念自己和大家戎马倥偬的岁月；另一方面也给后人传递出作为杰出领导人重视人才、奖掖人才、培养人才的信息，鼓励大家都能以进入这样的精神园地为荣。

《凌烟阁功臣图》局部　宋代石刻摹本

 【国学故事】

刘备"以政"试庞统

庞统，字士元，号凤雏，荆州襄阳人，年轻时为人朴钝，其貌不扬，无人赏识。起初，庞统在周瑜帐下担任幕僚，在赤壁之战中献连环计大破曹军立功，深得周瑜器重。周瑜死后，孙权不喜庞统长相以及他的恃才傲物，因此弃之不用。鲁肃推荐庞统前去投奔刘备，获试任耒阳县令一职。他不理县务，政绩不佳，刘备派张飞前去责罚，庞统却说："一个不足百里的小县，有什么难断之事？"当即令公吏搬出案卷，将多日来积攒的公务，不到半天就处理完毕，丝毫没有差错，令张飞瞠目结舌。与此同时，鲁肃也向刘备写信道："庞统不是百里之才，您让他当县令实在是大材小用，让他担任中郎将等职，才能施展他的才华。"刘备这才对庞统重视起来，两人谈论天下大事，庞统纵古论今，很有见解，刘备大为器重，拜庞统为治中从事，礼遇有加。庞统果然不负众望，向刘备献计，为刘备夺取荆州和西蜀立下大功，刘备因此快速崛起，占据一席之地，成为孙权的强大对手。

【现实启悟】

实践是检验人才的试金石

以貌取人，孙权错失了庞统；"以政试之"，刘备发现了庞统的才干并加以重用，成就了大业。可见，实践是检验人才、识别人才的试金石，是金子在实践中总会发光的。而相反那些不学无术、志大才疏者，在实践这一试金石面前，则无处遁形、"原形"毕露。这不仅让人想起滥竽充数的南郭先生的故事：齐宣王喜欢听众人吹竽，南郭先生便冒充专家混入乐队，得到优厚待遇。宣王死后，他的儿子齐愍王继位，喜欢听独奏，南郭先生得知这个消息，害怕露馅，赶忙连夜逃走了。伪"人才"也许骗得了一时，但骗不了一世，最终经不起实践的检验，必将被揭穿和淘汰。因此，选人用人既要"相马"，又要"赛马"。首先要了解干部在过去工作中的实际情况，其次要通过具体的实际工作来考察，这样才不会犯错误。

五、疾风知劲草，板荡识贤能

（一）

【原典】

岁寒，然后知松柏之后雕①也。

——春秋《论语·子罕》

【注释】 ①雕：通"凋"，凋落。

【译文】 等到天气严寒的时候，才知道松柏是最后凋零的。

（二）

【原典】

一死一生，乃知交情。一贫一富，乃知交态。一贵一贱，交情乃见。

——（西汉）司马迁《史记·汲黯列传》

【译文】 死一次活一次，才知道交往的感情。贫一次又富一次，才知道交往的情况。贵一次又贱一次，人与人之间的交情就可以看出来了。

（三）

【原典】

舟覆乃见善游，马奔乃见良御。

——（西汉）刘安《淮南子·说林》

【译文】 船翻了才知道谁擅长游泳，马跑起来才知道谁擅长驾车。

（四）

【原典】

劲松彰于岁寒，贞臣见于国危。

——（西晋）潘岳《西征赋》

【译文】 强劲的松树在岁寒的季节越发挺秀，正直的臣子在国家危难时才看出忠贞。

（五）

【原典】

时危见臣节，世乱识忠良。

——（南朝宋）鲍照《代出自蓟门行》

【译文】 时势动荡才能看出臣子的节义，世道混乱才能识别谁是忠良。

（六）

【原典】

疾风知劲①草，板荡②识忠臣。

——（唐）李世民《赠萧瑀》

【注释】①劲：强壮有力的。

②板荡：《板》《荡》是《诗经·大雅》中讽刺周厉王败坏国家、造成社会动乱的诗，后来指政局混乱或社会动荡。

【译文】劲风会显出哪一株是强劲的野草，动荡时节才知道谁是忠臣。

（七）

【原典】

凡有才名之士，必遭险薄①之辈假②以他事中伤。

—— （北宋）包拯《请录用杨纮等》

【注释】①险薄：险恶、刻薄。

②假：借。

【译文】凡是有名望的才士，一定会遭受险恶、刻薄的人用各种借口造成的中伤。

（八）

【原典】

家不和，然后见孝子；国不乱，无以见忠臣。

—— （北宋）林逋《省心录》

【译文】家庭不和睦，才能看出谁是孝子；国家不发生动乱，就无法看出谁是忠臣。

（九）

【原典】

盖棺始能定士之贤愚，临事始能见人之操守。

——（北宋）林逋《省心录》

【译文】人死之后，才能确定人一生是贤能还是愚昧；遇到困难才能看出一个人的操守如何。

（十）

【原典】

雪后始知松柏操，事难方见丈夫心。

——（南宋）普济《五灯会元》

【译文】大雪之后才知道松柏的节操，遭逢困难才能看出大丈夫的心肠。

（十一）

【原典】

时穷节乃见，一一垂丹青。

——（南宋）文天祥《正气歌》

【译文】时运不济才显出节义，有节义的人都名垂青史。

 【国学常识】

安史之乱众生相

755 年，安禄山在范阳起兵，挥师南下，很快攻占洛阳，自称大燕皇帝。第二年，攻破潼关天险，杀入长安，一时之间，大唐王朝战火四起，烽烟遍地。

在长达八年之久的战乱中，唐朝君臣有着截然不同的表现。唐玄宗承平日久，乍遇战乱，仓皇失措，唯一的做法就是入蜀避难。

太子李亨则在郭子仪、李光弼支持下，与安禄山叛军辗转征战，直至战乱平息。

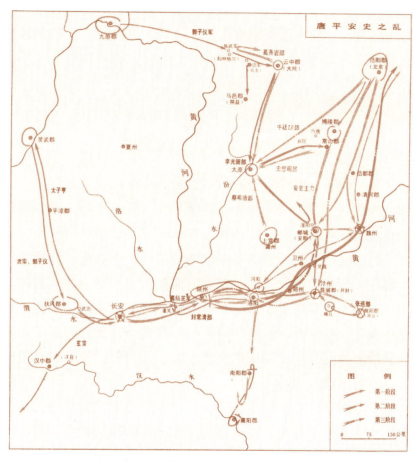

安史之乱示意图

大将哥舒翰镇守潼关，彼时正患病在身，坚守不出，与敌对峙。后来遭杨国忠陷害，被逼出战，结果战败被俘。最终遭安庆绪杀害。虽然死后被追封为太尉，但一世英名却因投降付之东流。而就在756年，张巡率领3000士兵退守睢阳，先后派出雷万春、南霁云出击叛军，斩杀敌将二十余人，士兵万余。但由于睢阳军事位置重要，安庆绪派部将十几万人围攻睢阳。激战十几天后，睢阳守军减员过重，粮草断绝，张巡派出南霁云向临淮守将贺兰进明求救。贺兰进明却畏惧叛军，又嫉妒张巡、许远的声望，拒不发兵。面对绝境，张巡、许远考虑到睢阳城的战略地位，决定死守。在饥饿、疾病、没有外援的情况下，睢阳城被叛军攻破，张巡、许远、雷万春、南霁云被俘，不屈被杀。后来唐僖宗将张巡、许远、南霁云的画像移入凌烟阁，以供后人瞻仰。

 【国学故事】

狄青深得宋仁宗信任

狄青（1008—1057），汾州西河（今山西）人，面有刺字，善骑射，人称"面涅将军"。狄青世代为农，宝元年间，元昊背叛宋朝，狄青应召入伍，投入抗击西夏军队的战斗。当时宋军经常打败仗，士兵普遍产生了畏惧西夏军队的情绪，士气低落，而狄青每次作战都身先士卒，披散头发，戴着铜面具，手持利刃冲入敌阵，所向披靡，极大地鼓舞了士气。在对西夏征战的四年间，狄青经历过无数次战斗，身上留下八处伤痕。因作战英勇，狄青得到了当时主持西北战事的韩琦和范仲淹的赏识。宋仁宗得知狄青的威名和事迹后，十分器重他。

皇佑年间，广源州蛮侬智高入侵，先后攻陷宋朝数州之地，并围困广州达两个月之久，朝廷派遣的增援部队屡战屡败，宋仁宗感到极度失望，于是想到了狄青。狄青也主动请战，并向仁宗保证，有能力平定叛乱。他慨然说道："我起自行伍，要报效国家，唯有上阵杀敌，愿亲率大军，前往平叛，誓将贼首捕获，押至殿门之下。"

宋仁宗非常感动，将指挥大权授予了他。按宋朝惯例，武将领兵出征，一般要遣文臣为副，以宦官监军。宋仁宗却毅然破例行事，独任狄青全权负责岭南军事。至捷报传来，宋仁宗大喜，说道："朕常观魏太祖曹操雄才大略，然而多是谲诈的手段；唐庄宗李存勖也算是豪杰，行军打仗，基本上没有失败的，但继位后，沉迷于游猎而没有节度，对臣子的赏罚也不讲规则。这两个皇帝，只具备将帅之才，而无人君之量，可惜啊！"

宋仁宗对自己的知人善任很是得意，狄青征南凯旋后不到一个月，便力排众议，升其为枢密使。

【现实启悟】

要在关键时刻看干部

习近平同志在全国组织工作会议上明确指出，好干部的标准是要做到"信念坚定、为民服务、勤政务实、敢于担当、清正廉洁"。其中理想信念坚定，是第一位的标准，是不是好干部首先看这一条。如何鉴定理想信念坚不坚定，这就要看领导干部在大是大非面前能不能做到旗帜鲜明，大风大浪面前能不能做到无所畏惧，各种诱惑面前能不能做到立场坚定。总的说来就是要看重大关头、关键时刻能不能靠得住、信得过、放下心。

时穷节乃见，板荡识忠臣。危急关头、关键时刻关系全局，更能够全方位检验干部的政治素质，更能够集中反映干部的应急能力以及工作作风，是鉴定识别干部的重要契机。无论是革命战争年代还是和平建设时期的实践都证明，只有经受住重大关头、关键时刻的考验，干部才能较快地成长为栋梁之材。汶川大地震发生后，无数普通的党员挺身而出，冲锋在前、抗灾救人，涌现出一大批优秀的党员干部，他们用自己的实际行动书写了对人民的热爱、对祖国的忠诚。然而，也有一些党员干部平时道貌岸然、仁义道德，地震发生后，第一时间想到的是自己逃命要紧，责任担当、人民群众的生命财产统统都抛到脑后。正是在这样的危难时刻、重要关头，党员干部的党性、能力和作风才能高低立见、一览无余。也正是基于此，中央多次提出并践行"关键时刻考察和使用干部"。

第四篇 选贤荐能

人才选拔问题，说到底是如何选人、用什么标准选人的问题。我国古代将"任人唯贤、德才兼备"作为人才选拔的主要标准和原则，"德才兼备"一直是中华民族几千年来选贤任能亘古不变的追求，这一思想一直影响到了今天，造就了中华民族江山代代出英贤的人才繁荣局面。

但在实际选拔操作中，也存在着按照亲疏远近选人、任人唯亲的做法。任人唯贤还是任人唯亲，这两种不同的做法在中国历朝历代都客观存在，此消彼长，直接关系着国家的兴衰、朝代的更迭。纵观历史，国富民强的盛世都得益于选贤任能，国破家亡的乱世皆系于选人用人不当。为了避免以私害公、任人唯亲，古代设立了种种较为科学的选举制度，如举孝廉、察举制、科举制，等等，力图通过较为公平公正的方式，不论门第、不论出身，最大限度地选拔贤能笼络天下人才。但由于其时代局限性，决定人才最终命运的还是封建帝王，因此即便有选拔制度，在"人治"的前提下，往往也不能很好地执行。这些经验教训值得我们总结反思，只有紧密结合当前选人工作实际，树立正确的选人导向，不断完善选人机制，使之系统完备、科学规范、有效管用，并严格按照制度"不唯地域、不论资历、不拘一格"选拔人才，才能真正将优秀的人才选拔出来。

一、荐贤立公，心底无私天地宽

（一）

【原典】

古者圣王甚尊尚贤而任使能，不党^①父兄，不偏贵富^②，不嬖^③颜色^④，贤者举而上之，富而贵之，以为官长；不肖者抑而废之，贫而贱之，以为徒役^⑤。是以民皆劝其赏，畏其罚，相率而为贤。

——（战国）墨翟《墨子·尚贤中》

【注释】 ①党：结党、偏私。

②贵富：地位高的人。

③嬖（bì）：宠爱。

④颜色：相貌出众。

⑤徒役：服劳役的人。

【译文】古时候圣王十分崇尚贤才任用能士，不偏私于父亲与兄弟，不偏向于富足与高位。不因为姿色出众而宠爱。有才能的人就举荐他，使他富有、高位，让他当官；无才的人就压制他撤掉他，使他贫穷、低贱，成为奴役，因此百姓都因为奖赏而鼓励，都因为惩罚而畏惧，相互引导成为贤才。

（二）

【原典】

明主之吏，宰相必起于州部，猛将必发于卒伍。

——（战国）韩非《韩非子·显学》

【译文】 开明君主的官员，宰相一定是从州部长官中选拔出来，勇猛的大将一定是从士卒中选拔而来。

清光绪元年浙江书局据吴氏影宋乾道本《韩非子》

（三）

【原典】

内不可以阿①子弟，外不可以隐②远人。

—— （战国）荀况《荀子·君道》

【注释】①阿（ē）：迎合。

②隐：隐讳、隐瞒。

【译文】选拔人才，对内不可以迎合子弟，对外不可以隐讳关系疏远的人。

（四）

【原典】

公生明，偏生暗。

—— （战国）荀况《荀子·不苟》

【译文】公正就能明察，偏私就会政治黑暗。

（五）

【原典】

大道①之行也，天下为公。选贤与②能，讲③信修睦。

——《礼记·礼运》

【注释】①大道：儒家推崇的大道是尧、舜、禹时期的管理人民政策，即禅让制。

②与：即"举"，举荐。

③讲：讲求、注重。

【译文】大道施行的时候，天下都是公共的。选拔贤才举荐能士，讲究信用培养和睦关系。

（六）

【原典】

以天下为公，唯贤是与①。

——（西晋）陈寿《三国志·魏书·三少帝纪》

【注释】①与：即"举"，推举。

【译文】把天下当作公有的，只举荐贤才。

（七）

【原典】

王者可私人以财，不私人以官。

——（唐）李延寿《北史·高佑传》

【译文】天子可以把财物交给私人，但不能把官位私下奉送。

（八）

【原典】

大贤秉高鉴①，公烛无私光。

——（唐）孟郊《上达奚舍人》

【注释】①鉴：镜子。

【译文】才能高的贤人拿着明亮的镜子照耀大家，公家的火烛没有照射私人的光芒。

【国学常识】

汉代的察举与征辟

察举和征辟都是汉武帝时确立的选官制度。所谓"察举"，就是经过考察将德行、才能出众的人才推举给朝廷。主要由公卿、列侯和郡守等高级官吏考察推举产生候选人，再经过一定的考核核实后授予一定的官职。察举的对象主要是孝廉、秀才、通晓经文和贤良方正的人才。"察举"起始于汉高祖刘邦时，汉武帝元光元年（前134年），武帝命令郡国举孝、廉各一人，从而确立了举孝廉的察举制度。

所谓"征辟"，就是皇帝征召地方上德高望重的人士出来做官，皇帝征召称"征"，官府征召称"辟"。汉代著名文学家、语言学家扬雄就是因为文采出众，而直接被汉成帝征召到宫里担任给事黄门郎，像陶渊明就屡征不就，晋代的王裒"三征七辟皆不就"。察举和征辟是汉代士人进入仕途的主要途径，延续了数百年，直至隋唐时被科举所取代。

 【国学故事】

尧为天下选人

尧帝上了年纪后，召集部落首领商议接班人问题，他说："我已经老了，大家看谁来接任合适呢？"大家议论了半天，提了几个人选，尧都不满意，只好暂时搁下。过了一段时间，尧又召集大家开会讨论这个问题。有人说："民间有一个叫虞舜的小伙子，出身卑贱，父亲是个瞎子，他的生母早逝，后母歹毒，同父异母的弟弟又凶狠刁蛮，三人多次合谋想害死舜，但舜不计前嫌，依然孝敬父母，善待弟弟，使他们不至走向邪恶。"尧听完后说："我也听说过此人德行出众，就让他试试吧。"于是派人召来舜，想试探他。尧将两个女儿嫁给他，通过女儿考察其德行；把九个儿子派到他身边，观察他处理事务的能力；又委派他到不同的岗位去工作，考察他处理政事的本领，等等，舜每一件事都做得很好，这使尧很满意，三年的试用期满，尧认为舜是一个合格的帝王之才，决定培养舜为自己的接班人。这时又有人说："您有九个儿子，丹朱是长子，也有一定能力，帝位还是应该优先传给丹朱。"尧说："丹朱的德才都不及舜，把帝位传给丹朱，天下人都会跟着遭殃；传给舜对天下人更有利。我怎么能为了丹朱高兴，而让天下人都受害啊！"于是，便举行了隆重的禅让仪式，把帝位禅让给舜。

【现实启悟】

为天下选贤

早在几千年前，尧就能以天下为公、为了天下人选贤，弃自己的九个儿子不用，而重用地位卑微、德行出众的舜，其胸襟不可谓不开阔，见识不可谓不深远，让我们深深钦佩。反观当今社会，一些领导干部出于私心，任人唯亲，明知自己的亲属、部下能力不够，却想方设法安排位子，因人设岗、"萝卜招聘"的现象时有发生，对优秀的人才却视而不见，甚至阻碍其晋升任用，不仅造成人才的巨大浪费，还败坏了社会风气，影响了党在群众中的威信，对国家和社会发展百害而无一利。

"为天下选贤"还是"为自己选人"，体现的是选人用人的导向问题。如果导向错误，就会涣散党心、冷落人心。因此树立正确的选人用人导向至关重要，这就要求领导干部要以民为本、心怀天下，公道正派地选人。

要做到为天下选贤，就要以百姓之心为心，以百姓的诉求和评价作为重要参考，真正为群众着想，选百姓需要的人、选真心为百姓办事的人。

二、选贤任能要在德才兼备

（一）

【原典】

官不及私昵①，惟其能；爵罔②及恶德，惟其贤。

——春秋《尚书·说命中》

【注释】①私昵：亲近宠爱的人。

②罔：不要。

【译文】官职不任命给亲近宠爱的人，凭借能力才能获得；爵位不要封赏给德行不好的人，依靠贤明才能得到。

（二）

【原典】

明主之择贤人也，言勇者试之以军，言智者试之以官，试于军而有功者则举之，试于官而事治者则用之。

——（春秋）管仲《管子·明法解》

【译文】圣明君主选择人才，说自己勇敢的就用军队试验他，说自己智慧的就用官职试验他。用军队试验，立下战功的就推举他；用官职试验，事情都处理得妥帖的就任用他。

（三）

【原典】

以德分人谓之圣，以财分人谓之贤

——（战国）庄周《庄子·徐无鬼》

【译文】用德行影响别人的人叫作圣，把财物分给别人的人叫作贤。

（四）

【原典】

士有百行，以德为首。

——（西晋）陈寿《三国志·魏书·夏侯尚传》

【译文】士人有多种品行，把德放在首位。

（五）

【原典】

举士不论贤良，则无士矣。

——（唐）马总《意林》

【译文】举荐人才不考虑德行是否贤良，那么就没有贤德的人出现。

（六）

【原典】

将求材艺，必先择志行。其志行善者，则举之；其志行不善者，则去之。

——（唐）令狐德棻《周书·苏绰传》

【译文】要求一个人有才艺，一定要先在思想道德方面进行观察。思想道德好的就举荐他，思想道德不好的就舍弃他。

（七）

【原典】

才德全尽谓之"圣人"，才德兼亡谓之"愚人"；德胜才谓之"君子"，才胜德谓之"小人"。凡取人之术，苟不得圣人、君子而与之，与其得小人，不若得愚人。何则？君子挟才以为善，小人挟才以为恶。挟才以为善者，善无不至矣；挟才以为恶者，恶亦无不至矣。愚者虽欲为不善，智不能周，力不能胜。

——（北宋）司马光《资治通鉴》

【译文】德才俱全叫作圣人，才德全无叫作愚人；德超过才叫作君子，才超过德叫小人。选取人才的原则是，假如没有圣人、君子推荐给君主的话，与其推荐小人，不如推荐愚人，为什么呢？君子凭借自己的才能做善事，小人凭借才能做恶事。凭借才能做善事的，善行无不遍及；凭借才能做恶事的，恶也无所不在。愚人即使想做恶事，也会智商不够、心力不足。

（八）

【原典】

观人之法有数等：材德俱优者上也，材德不及者其次也。材有余而德不足又其次也。苟二者俱无，此不足论矣。

——明《明太祖实录》

【译文】区别人才的方法可以分为几个等级：才能、道德俱佳的是上等人才。才能、道德比不上上等人的是次一等的。才能有余可是道德不足的，又次一等。如果才能、道德都不具备，这就不值一提了。

（九）

【原典】

才德兼者，上也；有根本而才气微者，次也；有才气而根本微者，又其次也；然皆不可弃。以才气胜者，用诸理繁治剧，以根本胜者，用诸敦雅镇浮。

———（明）高拱《本语》

【译文】才能、道德都具备的人是上等人才；有道德可是才气不足的，是次一等的；有才气可是道德不足的又是再次一等的；可是这些人都不能舍弃。以才气胜出的，可以任用他们处理芜杂繁重的事务；靠道德取胜的，任用他们可以感化浮躁的人。

【国学常识】

家国一体的世袭制

"世袭制"是古代将官职、名号、爵位以及财产等按照血统关系世代传承的一种制度。被继承者与继承者之间多是父子关系，但有的也可能不是直系，有的是兄传弟，也有的是叔传侄。

我国古代的世袭制主要包括奴隶社会的王位世袭制，秦始皇的帝位世袭制，西汉初期分封的同姓诸侯王，以及唐朝割据的藩镇等。通常有父死子继和兄终弟及两种方式，具有极强的封建性。帝位世袭制一直为封建社会所继承，是"家天下"的具体体现，而且成为定制，一旦打破就意味着国家面临动荡。其他的世袭对中央集权统治来说是不利因素，多数中央政府逐渐利用政策削弱分封的权利与

七国之乱形势

勃海

赵

河水

西

邯郸

济南

胶东

胶西

长安

雒阳

昌邑

东

彭城

楚

海

淮水

陵

江水

吴

汉

	叛乱的七国
→	汉平定七国之乱进军路线
	景帝初削诸侯王地

西汉初期七国之乱示意图

领地，否则会造成难以控制的局面，如西汉的诸侯王导致的"七国之乱"、唐代末年的藩镇割据就是典型代表。世袭制对解决王位的继承问题有一定好处，一定程度上避免了因争夺王位造成的杀戮伤亡以及由此导致的社会动乱。但也存在很大的弊端，世袭制使"公天下"变为"家天下"，只传子不传贤，实质是任人唯亲，国家的强弱完全取决于继位的君主帝王，君治国治，君弱国弱，必然会退出历史的舞台。

用人
治要

【国学故事】

曹操的"求贤三令"

建安十三年（208 年），曹操率大军在赤壁与孙刘联军展开大战，结果战败而退。曹操反思总结失利的原因，认为是自己手下缺乏英雄贤能所致。于是在建安十五年（210 年）发布第一道求贤令，强调选人以才为主，"唯才是举"，在实际执行中出现了一些偏差，效果不是很好。曹操于是在建安十九年（214 年）又下第二道求贤令，仍然强调"唯才是举"，主要倾向于选用有进取意识的人，认为有德行的人未必能进取，能进取干事的人未必德行高尚，并举陈平、苏秦的例子为证，"陈平岂笃行，苏秦岂守信邪？而陈平定汉业，苏秦济弱燕"。特别强调不能因为"德行"方面有缺点、"偏短"，就"庸可废乎！"如此一来情况虽有好转，但选人现状仍不理想。建安二十二年（217 年），曹操又第三次下求贤令，提出天下尚未统一，国家正值用人之际，"举贤勿拘品行"，只要满怀抱负、精通文韬武略之人，不管有什么样的缺陷，都要积极举荐，勿有遗漏。"求贤三令"只是曹操渴求人才的一个片段，在当时鼎立的魏蜀吴三国之中，曹魏是最为重视人才，最能量才授任的一个政权，当蜀汉、东吴人才凋零、青黄不接的时候，曹魏仍然文才济济，武将如林，可以说，这个辉煌局面的基础是曹操时期打下的。

【现实启悟】

选拔人才要与时俱进

曹操的三道求贤令，核心思想是"唯才是举"，这对当时看重出身门第、以"德行"为标准举人的传统选人用人思想，无疑是重大的挑战和反叛，自此引发了在选人标准问题上到底是以德为先还是以才为先的争论，时至今日，从未间断。当然，曹操举贤"勿拘品行，唯才是举"，是在当时特定的历史环境和条件下，为了服务于其政治路线、实现其一统天下的目标提出的。不同历史时期，选用人才的德才标准也会有所不同。唐太宗李世民和大臣魏徵的一次对话很好地体现了这一思想。唐太宗说："作为国君，在选拔官员上一定要慎之又慎。任用一个德行出众的人，大家都能得到勉励；任用一个品行不端的人，大家也会跟着效仿。"

时移世易，面对当前复杂多变的国际形势和艰巨繁重的国内经济发展任务，党中央提出要坚持德才兼备、以德为先，广纳天下英才。明确提出好干部的标准就是：政治上靠得住、工作上有本事、作风上过得硬、人民群众信得过。具体来说就是：信念坚定、为民服务、勤政务实、敢于担当、清正廉洁，进一步突出了时代内涵，体现了与时俱进，为选拔优秀人才指明了方向。只有拓宽思路，与时俱进，用科学发展眼光，从客观实际出发，才能让科学选拔人才之路越走越宽。

三、不拘于格，唯才是举

（一）

【原典】

舜发于畎亩①之中，傅说②举于版筑之间，胶鬲③举于鱼盐之中，管夷吾④举于士，孙叔敖⑤举于海，百里奚⑥举于市。

——（战国）孟轲《孟子·告子下》

【注释】 ①畎亩：田野。低的叫畎，高的叫亩，也就是田垄。

②傅说（yuè）：商王武丁时候的人，本来是囚徒，从事筑墙工作，被武丁任命为相。版，木板。筑，打夯。古人筑土墙用两片木板相夹，在其中填入泥土，以杵捣实成墙。

③胶鬲（gé）：胶鬲原本是贩卖鱼盐的小贩，被周文王发现，举荐给了商纣王。

④管夷吾：即管仲。管仲原来辅佐公子纠，在纠与鲍叔牙辅佐的公子小白争夺君位失败时，逃到鲁国，后被押送回齐国。鲍叔牙向齐桓公大力推荐管仲，被任命为相。士，指的是管理囚犯的官员。

⑤孙叔敖：春秋时期楚庄王的宰相，政治家、军事家，功勋卓著。原来居住在云梦泽的旁边。

⑥百里奚：秦穆公时期的政治家、思想家。原本是虞国大夫，晋灭虞，百里奚沦为奴隶。秦穆公用五张黑羊皮把他换走。

【译文】舜发迹于田野，傅说举荐于筑墙的劳作之中，胶鬲从贩卖鱼盐的工作中被举荐，管夷吾从狱官手里被赎回，孙叔敖被从海滨发现，百里奚从市场中被赎出得到任用。

（二）

【原典】

杖必取便，不必用味；士必任贤，何必取贵。

—— （西汉）刘向《杖铭》

【译文】拐杖一定要使人用起来觉得方便，而不用看它的味道如何；任用士人一定要看他是否贤能，而不在于他的地位有多尊贵。

（三）

【原典】

拔奇于困虏，擢能于屠贩。内荐不避子，外荐不避仇。身受进贤之赏，名有不朽之芳。

—— （北朝齐）刘昼《刘子·荐贤》

【译文】从奴隶中选拔人才，从屠狗商贩中提拔贤能，推荐人才，对内不必避讳儿子，对外不必避讳仇敌。自己受到了推荐人才的奖赏，后世也留下了不朽的美名。

（四）

【原典】

国之用材，大较不过六事：一则朝廷之臣，取其鉴达治体，经

纶博雅；二则文史之臣，取其著述宪章，不忘前古；三则军旅之臣，取其断决有谋，强干习事；四则藩屏之臣，取其明练风俗，清白爱民；五则使命之臣，取其识变从宜，不辱君命；六则兴造之臣，取其程功节费，开略有术，此则皆勤学守行者所能辨也。人性有长短，岂责具美于六涂哉？但当皆晓指趣，能守一职，便无愧耳。

——（北朝齐）颜之推《颜氏家训·涉务》

【译文】国家使用人才，大概包括六个方面：一是朝廷大臣，需要他们熟悉治国法度，经世济国，博学雅正；二是文史之臣，需要他们著书立说，不忘前代经验教训；三是军旅之臣，需要他们敢于决断，深谙谋略，熟悉用兵之事；四是封疆大吏，需要他们熟悉当地风俗，政治廉明，爱护百姓；五是出使之臣，需要他们灵活机变，不辱使命；六是兴造之臣，需要他们建造工程节省花费，开源节流；这些都是勤于学习、坚守操行的人能够做到的。人的本性有长处有短处，哪能要求他们完全具备这六个方面呢？只要对这些都通晓大意，能够做好其中的一个方面，就没什么惭愧的了。

（五）

【原典】

治天下者，用人非止一端，故取士不以一路。

——（北宋）欧阳修《论台官不当限资考札子》

【译文】治理天下的人，用人不止于某一个方面，所以选取人才也不局限于某一方面。

（六）

【原典】

有贤豪之士，不须限于下位；有智略之才，不必试以弓马；有

山林之杰，不可薄其贫贱。

——（北宋）欧阳修《准诏言事上书》

【译文】 有能力出众的豪杰之士，不必局限于下位；有智慧有才略的人才，不一定要用弓马来测试；有出自民间的人才，不能因为他出身低微而受到轻视。

（七）

【原典】

取其道不取其人，务其实不务其名。

——（北宋）司马光《资治通鉴》

【译文】 任用一个人看中的是他的治国方略而不是看他是何人，选用的是他的实际从政能力而不是外在的名气。

（八）

【原典】

天下之人，材德各殊，不可以一节取也。俭素过中，自以处身则可，以此格物，所失或多。

——（北宋）司马光《资治通鉴》

【译文】 天下人才，能力、德行都不一样，不能用一种方法来衡量。过于勤俭朴素，要求自己是可以的，但以此为标准去衡量所有的人，失误一定很多。

（九）

【原典】

贤之所在，贵而贵取焉，贱而贱取焉。

———（北宋）苏洵《广士》

【译文】只要有贤人存在，地位高的有聘任地位高的办法，地位低的有聘任地位低的办法。

（十）

【原典】

务求术略，不限资考。

———（元）脱脱等《宋史·谢绛传》

【译文】努力寻求战略战术，不受资历的限制。

（十一）

【原典】

从来强弱不限域，任人岂论小与大。

———（明）李梦阳《豆萁行》

【译文】从来强大还是弱小都不局限范围，任用人才怎能讨论年纪的小与大。

（十二）

【原典】

苟选授之际，惟计履历之浅深，不问人材之贤否，则政治之阙，孰甚于斯！今后二三大臣，宜体国爱民，精加考选，既按以资格，又考其才行，合是二者，始可进拟，夫然后事得其宜，用无不当。

———（清）毕沅《续资治通鉴》

【译文】假如选官授职的时候，只考虑履历资历的深浅，而不过问是否是个人才，那么政治上的缺失，还有什么比这个更厉害的呢！今后大家应该体念国家，体恤百姓，精心进行考察选举，既要照顾到资格问题，又要考虑才能品行，二者结合起来都满意了，才能把拟录取的名单进献皇帝。这样才能各得其宜，用人无不允当。

 【国学常识】

古代主要官职职能

丞相：封建官僚机构中的最高官职，是秉承君主旨意综合治理全国政务的人。

尚书：掌管文书、奏章的官员。

参知政事：又简称"参政"，是唐宋时期最高政务长官之一，与同平章事、枢密使、枢密副使合称"宰执"。

御史：史官。秦以后置御史大夫，职位仅次子丞相，主管弹劾、纠察官员过失诸事。

枢密使：枢密院的长官，唐时由宦官担任，宋以后改由大臣担任。枢密院是管理军国要政的最高国务机构之一，枢密使的权力与宰相相当，清代军机大臣往往被尊称为"枢密"。

太尉：元代以前的官职名称，是辅佐皇帝的最高武官，汉代称大司马。

太史：西周、春秋时为地位很高的朝廷大臣，掌管起草文书、策命诸侯卿大夫、记载史事等事务，兼管典籍、历法、祭祀等事。秦汉以后设太史令，其职掌范围渐小，地位渐低。

节度使：唐代总揽数州军政事务的总管，原只设在边境诸州，后内地也遍设，造成割据局面，因此世称"藩镇"。

太守：又称"郡守"，州郡最高行政长官。

都督：军事长官或领兵将帅的官名，有的朝代地方最高长官亦称"都督"，相当于节度使或州郡刺史。

巡抚：明初指京官巡察地方。清代正式成为省级地方长官，地位略次于总督，别称"抚院""抚台""抚军"。

【国学故事】

唐玄宗任人唯亲终误国

唐玄宗在即位之初还能做到任人唯贤，唐代名相中的姚崇、宋璟就出在玄宗一朝。但是到了开元盛世之后，唐玄宗的用人思想发生了变化，开始任人唯亲。因为宠爱杨玉环，便爱屋及乌，将杨玉环的几个兄弟姊妹先后封赏，加官晋爵。杨玉环的堂兄杨国忠本来是一个市井无赖，杨玉环请玄宗为他安排职位，玄宗很快就重用其

唐朝李昭道作的《明皇幸蜀图》，描绘唐玄宗为避安史之乱而行于蜀中的情景，画中山石峻立，着唐装的人物艰难行于途中

为右丞相。杨国忠权势熏天，一时风光无限。这时还有一位奸相李林甫，杨国忠与他勾结起来，惑乱朝廷，一手遮天，有才德、有能力的人都被排挤出朝廷。杨玉环还认了一个养子，就是安禄山，杨、李、安三人之间有勾结也有矛盾，彼此产生冲突，导致关系破裂，

最终李林甫被戮尸，安禄山起兵叛乱被诛灭，杨国忠在马嵬驿被杀死，一个好好的大唐盛世从此转入衰败。虽然盛唐没落与三人的朝廷斗争有直接关系，但最终把握权力的还是唐玄宗，他任人唯亲，三个奸臣里有两个是杨玉环的亲戚，用人方面的失误是唐玄宗不能推卸的责任。

【现实启悟】

切忌"为人择官"

唐太宗说："为官择人者治，为人择官者乱"，"为官择人"与"为人择官"，虽然只有两字之差，意义却截然相反、大不相同。首先，两者的出发点不同："为官择人"是秉公选人、出于公心；"为人择官"是为己选人、出于私心。其次，两者的做法不同："为官择人"是根据官职、岗位选拔人才，量才授任、唯贤是举；"为人择官"则是因人设岗、量身订官、任人唯亲。最后，两者产生的效果不同："为官择人"维护了选人用人的公平公正；"为人择官"阻碍了人才的正常晋升。孰是孰非，显而易见。现实中，"为人择官"现象屡有发生。观察一下近年来查出的贪污腐败案件就会发现，往往一人被查，数人甚至多人紧跟着落马，查其原因，大多是裙带关系、圈子关系相互提拔所致，"一人得道，鸡犬升天""一荣俱荣，一损俱损"，不能不让人警醒。

我们党历来主张干部选拔要任人唯贤、德才兼备。早在延安时期，毛泽东同志就指出，共产党的干部政策，应是以能否坚决地执行党的路线，服从党的纪律，和群众有密切的联系，有独立的工作能力，积极肯干，不谋私利为标准，这就是"任人唯贤"的路线。时至今日，任人唯贤仍是我们党选拔干部的原则，唯有一以贯之地坚持下去，才能创造公平公正的选人用人环境，激发干部干事创业的动力。

四、自荐、他荐与招贤

（一）

【原典】

取吏必取所爱，故十人爱之，则十人之吏也；百人爱之，则百人之吏也；千人爱之，则千人之吏也；万人爱之，则万人之吏也。故万人之吏撰卿相矣。

——（周）鹖熊《鹖子·撰吏》

【译文】选取官员一定选择大家喜爱的人，所以十个人喜欢他，他就是管理十个人的官员；一百个人喜欢他，他就是管理一百个人的官员；一千个人喜欢他，他就是管理一千个人的官员；一万个人喜欢他，他就是管理一万个人的官员。管理了一万个人就说明已经具备了担当卿、相的才干。

（二）

【原典】

于子之乡，有居处为义好学，聪明贤仁，慈孝于父母，长弟闻于乡里者，有则以告。有而不以告，谓之蔽贤，其罪五。

——（春秋）管仲《管子·小匡》

【译文】在你的家乡，有没有这样的人，平时闲居为人急公好义，勤于学习，聪明仁义，孝养父母，兄弟之间敬重爱护，名声在乡里远播。有这样的人就报告上来。如果有这样的人而不报告就算掩盖贤才，有五方面的罪行。

（三）

【原典】

国君进贤，如不得已，将使卑逾尊，疏逾戚，可不慎与？左右皆曰贤，未可也；诸大夫皆曰贤，未可也；国人皆曰贤，然后察之。见贤焉，然后用之。左右皆曰不可，勿听；诸大夫皆曰不可，勿听；国人皆曰不可，然后察之。见不可焉，然后去之。左右皆曰可杀，勿听；诸大夫皆曰可杀，勿听；国人皆曰可杀，然后察之。见可杀焉，然后杀之。故曰国人杀之也。如此，然后可以为民父母。

——（战国）孟轲《孟子·梁惠王下》

【译文】国君引进贤才，如果遇到不得已的情况，会使地位低的超过地位高的，关系远的超过关系近的，怎么能不谨慎呢？左右亲近的人都说某人好，不可立刻举用；各位大夫都说某人好，不可立刻举用；国都里的人都说某人好，然后再仔细考察，发现确实好，才可以任用。左右亲近的人都说不能任用，不要听；各位大夫都说不能任用，不要听；国都里的人都说不能任用，然后再仔细考察，发现确实不能任用，再罢免他。左右亲近的人都说可杀，不要听；诸位大夫都说可杀，不要听；国都里的人都说可杀，然后再仔细考察，发现确实可杀，再杀掉他，所以说这是国都里的人杀了他。这样，才可以为民父母。

（四）

【原典】

贤士大夫有肯从我游者，吾能尊显之。布告天下，使明知朕意。

——（东汉）班固《汉书·高祖纪》

【译文】 贤士大夫有愿意与我一起治理天下的，我能提高其地位。公布天下，使大家明白我的意思。

（五）

【原典】

诏诸侯王公卿郡守举贤良能直言极谏者，上亲策之，傅纳以言。

——（东汉）班固《汉书·文帝纪》

【译文】 下诏书命令诸侯、公卿郡守举荐那些忠诚贤良、敢于直言进谏的人才，皇帝会亲自测试他们，给他们机会畅所欲言展示自己的才能。

（六）

【原典】

建元元年冬十月，诏丞相、御史、列侯、中二千石、二千石、诸侯相举贤良方正直言极谏之士。丞相绾奏："所举贤良，或治申、商、韩非、苏秦、张仪之言，乱国政，请皆罢。"奏可。

——（东汉）班固《汉书·武帝纪》

【译文】 建元元年（140 年）冬季十月，下诏命令丞相、御史大夫、列侯、中大夫、大夫、诸侯相举荐忠诚贤良、敢于直言进谏的人才。丞相卫绾启奏说："大家推荐的贤才，有的学习的是申不害、商鞅、韩非、苏秦、张仪的学术，会淆乱国政，请都禁止学习。"汉武帝同意实行。

（七）

【原典】

古之选贤，傅纳以言，明试以功，故官无废事，下无逸民，教化流行，风雨和时，百谷用成，众庶乐业，咸以康宁。

——（东汉）班固《汉书·成帝纪》

【译文】 古时候选拔人才，让他陈说观点来决定是否录用，让他实地做事来测查是否有能力，所以官员都不会荒废职务，治下也没有遗世隐居的百姓，实行教化，风雨与季节相合，百谷因此得以成熟，万民乐业，国家因此康宁。

（八）

【原典】

初令郡国口满十万者，岁察孝廉一人；其有秀异①，无拘户口。

——（西晋）陈寿《三国志·魏书·文帝纪》

【注释】 ①秀异：优秀、出众。

【译文】 最初，命令各个人口达到十万的州郡、王国，每年要审察孝廉一位，要有真才实学，才能出众，不受户口的限制。

（九）

【原典】

自军兴以来，制度草创，用人未详其本，是以各引其类，时忘道德。夔①闻以贤制爵，则民慎德；以庸制禄，则民兴功。以为自今所用，必先核之乡闾②，使长幼顺叙③，无相逾越。显忠直之赏，明公实之报，则贤不肖之分，居然④别矣。

——（西晋）陈寿《三国志·魏书·何夔传》

【注释】　①夔（kuí）：指何夔，古人称呼自己要称名。

②乡间：家乡、籍贯。

③顺叙：顺着排列。

④居然：显然，清楚的样子。

【译文】　自从战事频起，各方面的制度都处于草创阶段，人才任用还不知道依据什么，因此大家都是各自引荐自己的伙伴，有时就忘了考虑道德水平。夔听说根据才德来制定爵位，百姓就会注重道德修养；根据功劳来制定俸禄，百姓就会争相建功立业。我认为现在用人，一定要先在乡里考察，使长幼次序不得相互僭越。突出对忠贞正直的奖赏，明确公正、有实力的回报，这样有才、无才就可以明显地区分开了。

（十）

【原典】

魏文帝①为魏王时，三方鼎立，士流②播迁③，四人④错杂，详核⑤无所。延康元年，吏部尚书陈群以天朝选用不尽人才，乃立"九品官人之法"。

——（唐）杜佑《通典·选举二》

【注释】　①魏文帝：指曹丕。

②士流：士族。

③播迁：迁徙、流动。

④四人：四方之人。

⑤详核：详细考核。

【译文】　魏文帝在位时，三国鼎立，人才可以到处流动，四方人才夹杂交错，想获得翔实的信息都没有办法。延康元年（220 年），吏部尚书陈群认为，朝廷要从无数人才中选拔人才，就要建立"九品官人法"。

（十一）

【原典】

先王之取人也，必于乡党①，必于庠序②，使众人推其所谓贤能，书之以告于上而察之。诚贤能也，然后随其德之大小、才之高下而官使之。所谓察之者，非专用耳目之聪明，而私听于一人之口也。欲审③知其德，问以行；欲审知其才，问以言。得其言行，则试之以事。所谓察之者，试之以事是也。虽尧之用舜，亦不过如此而已，又况其下乎？

——（北宋）王安石《上皇帝万言书》

【注释】 ①乡党：家乡。

②庠序：学校。

③审：清楚、仔细。

【译文】 先王选取人才，一定着眼于乡里，一定着眼于学校，让大家推举公认的贤能，写成信来报告君主进行考察。果真是个人才，按照他德行的深浅、才能的高低授予官职。所谓考察并不是偏听偏信。想了解他的德，可以过问道德行为；想了解他的才，可以过问他的言论。掌握了他的言行，再委派他具体事务。所谓的考察就是用具体事务试验他的工作能力。即使尧任用舜，也不过如此而已，更何况那些还比不上尧、舜的呢？

 【国学常识】

中书省

中书省古代官署名，是封建政权执政中枢部门。

汉武帝时进一步强化君权，以主管文书的尚书掌握机密要政。为便于出入后宫，用宦者担任，称为中尚书，简称中书，又因兼谒者之职，故又名中书谒者。其长官有令、仆射。成帝时废除由宦者担任中书之制，此后至东汉末，改以士人为尚书。尚书台独掌枢要，地位日益重要。东汉末，曹操受封为魏王后，在建置魏国百官时，便设立秘书令，典尚书奏事。魏文帝曹丕即位后，改秘书为中书，设监、令各一人，监、令之下置中书郎若干人，于是中书省正式成立。三国除曹魏外，孙吴亦设中书，置令、郎，但其制与魏制稍有不同。蜀汉不详。西晋以后，历代都沿袭曹魏立中书省，只有北周实行六官制，无中书之名。隋代废六官制，置内史省，即中书省。炀帝末又曾改名内书省。唐初亦名内史省，武德三年（620 年）始复名中书省。高宗龙朔二年（662 年）改称西台，咸亨（670—674 年）初复旧；武后光宅元年（684 年）改名凤阁，中宗神龙（705—707 年）初复旧；玄宗开元元年（713 年）改名紫微省，五年，复旧。自魏晋以后，中书省是与尚书省、门下省鼎立的三省之一。

 【国学故事】

毛遂自荐

人才崭露头角可以有若干种登台亮相的方式，战国时期有个毛遂，他就采取了自荐的形式。前 257 年，秦军围攻邯郸。赵国的平原君收拾行装，准备带领二十个门客去向楚国求救。可是只找到了十九个合适的人，正准备罢休，这时有个叫毛遂的门客，自我推荐，请求追随到楚国。平原君说："贤才在社会上立足，就像锥子放在囊中一样，锥子尖马上能露出来。先生来到我的家里已经三年了，也没有见过您显露才华，您还是留在家中吧。"毛遂说："如果你早一点把我放在囊中，不仅锥子尖早就露出来，恐怕连锥子都已经出来了。您还是把我放在囊中吧。"平原君同意了，另外十九个人都相互暗笑。到了楚国，毛遂和那十九个人展开辩论，那些人无不真心服气。平原君见到楚王，可是楚王不愿意出兵。平原君从早晨劝到中午都没有成功。那十九个人说："先生，该你出手了。"毛遂走上前，楚王呵斥他。毛遂说："你呵斥我，依靠的是楚国，可是我和你之间只有十步远，你的生命悬于我手，还有什么可依仗的呢？我们今天来，本来是为了楚国，难道你以为是为了赵国吗？当年商汤领土方圆七十里，文王领土方圆一百里，还能称王天下。楚国方圆五千里，将士百万，可以与秦军交战，三战三败，大王不觉得羞耻吗？我们今天来联合楚国确实是为楚国着想啊。"最后楚王与平原君歃血为

河北省鸡泽县毛遂公园里的毛遂雕像

盟，约定合纵抗秦。

回到赵国后，平原君说："我见过的门客多则几千，少说也有几百，偏偏在毛遂先生这儿造成了失误，实在是看走了眼啊！"

【现实启悟】

用好制度选好干部

毛遂在平原君门下三年一直默默无闻，一直等到赴楚国求救这个机会才一鸣惊人，展露才华，最终成为上宾。中华自古多奇才，但是真正能脱颖而出施展才能的又有多少？被二十四史记录在册的也不过寥寥。多少俊杰都是怀才不遇、郁郁而终，历史上很多杰出人物都有这样的遭遇。从自荐到他荐再到招贤，古代先贤试图不断拓宽选拔人才的视野，从世袭制到九品中正制再到科举制，古代先贤一直在尝试探索改进选拔人才的方式、方法和制度。

习近平同志曾指出，把好干部选用起来，需要科学有效的选人用人机制。要紧密结合干部工作实际，认真总结，深入研究，不断改进，努力形成系统完备、科学规范、有效管用、简便易行的制度机制。2014 年，中央新修订的《党政领导干部选拔任用工作条例》，进一步树立了明确的选人用人导向，标准更严格、程序更规范，方式也更公开、公正。用人导向更加明确，突出重基层、重实绩的导向；选拔标准更加严格，明确六种情形不得列为考察对象，单设条款定义"破格提拔"等；选拔程序更加规范，新设"动议"关，要求就选拔任用的职位、条件、范围、方式、程序等提出初步建议；其他如任职制度、谈话制度、选拔竞岗、交流制度等的条款和规定，也都更细化、更明确，体现了党对干部选任工作实践探索、制度建设的与时俱进，是新时期做好干部选拔任用工作的基本遵循。好制度还要抓好落实，不然再好的制度也只是"一纸空文"，起不到任何作用。

五、科举取士甄拔天下人才

（一）

【原典】

今之选举者，当不限资荫①，唯在得人。苟得其人，自可起厮养②而为卿相，伊尹、傅说是也，而况州郡之职乎。苟非其人，则丹朱③、商均④虽帝王之胤⑤，不能守百里之封，而况于公卿之胄⑥乎。

——（唐）令狐德棻《周书·苏绰传》

【注释】①资荫：凭先代的勋功或官爵而得到授官封爵。

②厮养：仆役。

③丹朱：尧的儿子。

④商均：舜的儿子。

⑤胤：后代。

⑥胄：后裔。

【译文】如今的选举，应当不受资历、门阀的限制，只注重发现人才。如果发现了人才，哪怕他是仆役也可以任命为卿相，伊尹、傅说就是这样的，更何况让他去做州郡的长官呢？如果发现不是人才，哪怕是像丹朱、商均这样帝王的后代，也不能用他管理一百里的封地，更何况那些公卿的后代呢？

（二）

【原典】

文武有职事者，五品已上，宜依令十科举人。有一于此，不必求备。朕当待以不次，随才升擢。其见任九品已上官者，不在举送之限。

——（唐）魏徵《隋书·隋炀帝纪》

【译文】五品以上有实职的文武官员，应该按照十个科目举荐人才。有一项才能就可以，不必要求才能齐备。我会打破擢升程序，按照才能的大小予以提拔。现任的九品以上官员，不在举荐之列。

（三）

【原典】

诸郡学业该①通、才艺优洽②，膂力③骁④壮、超绝等伦⑤，在官勤奋、堪理政事，立性正直，不避强御四科举人。

——（唐）魏徵《隋书·隋炀帝纪》

【注释】①该：完备。

②优洽：优秀广博。

③膂（lǚ）力：体力。

④骁（xiāo）：勇猛。

⑤等伦：同辈。

【译文】各郡之中凡是学问通达、才能出众、武力骁勇、超出同辈的人才，按照任职勤奋、能够处理政务、秉性正直、不怕强权四个方面予以举荐。

（四）

【原典】

隋代罢中正①，举选不本乡曲②，故里间③无豪族，井邑④无衣冠⑤，人不土著⑥，萃处京畿。

——（唐）杜佑《通典·选举五》

【注释】 ①中正：九品中正制。

②乡曲：乡村。

③里间：乡里。

④井邑：乡村。

⑤衣冠：指缙绅、士大夫。

⑥土著：附着于土地。

【译文】 隋代停用了九品中正制，选拔人才不再限于本乡，所以乡里不再有豪族，城镇也不再出现贵族，人们都不再依附土地，而是荟萃京城。

（五）

【原典】

高祖武德四年四月十一日，敕诸州学士及白丁，有明经及秀才、俊士，明于理体，为乡曲①所称者，委本县考试，州长重复，取上等人，每年十月随物入贡。

——（唐末至五代南汉）王定保《唐摭言》

【注释】 ①乡曲：家乡。

【译文】 唐高祖武德四年（621 年）四月十一日，命令各州学士以及没有功名的士子，有通晓经书，才能超群，洞明世事，被乡里人所称道，就委托本县进行考试，州太守再复考，选出优等学子，每年十月随进贡的货物一同进京。

（六）

【原典】

隋世重举秀才，天下不十人，而正伦一门三秀才，皆高第，为世歆美。

—— （北宋）欧阳修《新唐书·杜正伦传》

【译文】隋代重视举荐优秀人才，整个天下举荐的还不到十个人，可是杜正伦一家就出了三名秀才，而且都名列前茅，受到世人的羡慕赞美。

（七）

【原典】

礼部贡举，设进士①、九经、五经、开元礼②、三史③、三礼④、三传⑤、学究⑥、明经⑦、明法⑧等科，皆秋取解⑨，冬集礼部，春考试。合格及第者，列名发榜于尚书省。

—— （元）脱脱等《宋史·选举志》

【注释】①进士：科举科目之一，主要测试内容是诗赋。

②开元礼：唐代编纂的介绍唐代礼仪制度的著作。

③三史：最初指《史记》《汉书》《东观汉记》，后来《后汉书》替代了《东观汉记》。

④三礼：指《周礼》《仪礼》，先秦的《礼记》。

⑤三传：指《春秋左氏传》《春秋公羊传》《春秋谷梁传》。

⑥学究：科举科目之一，类似今天的名篇名言填空。

⑦明经：科举科目之一，主要测试经书义理。

⑧明法：科举科目之一，主要测试法令的熟悉程度。

⑨解（jiè）：凡是参加科举考试的举子由州县推荐护送到京师。

【译文】礼部主持科举考试，设立进士、九经、五经、开元礼、三史、三礼、三传、学究、明经、明法等科目，都是在秋天由各地选送，冬天到礼部集中，春天考试。考试合格的，在尚书省张榜公示姓名。

（八）

【原典】

虽已封弥，而兼采誉望，犹在观其字画，可以占其为人，而士之应举者，知勉于小学，亦所以诱人为善也。自誊录①之法行，而字画之缪或假手于人者，肆行不忌，人才日益卑下矣。

——（南宋）王栐《燕翼诒谋录》

【注释】①誊录：考生试卷糊名以后，仍然可以通过字体辨认出来的，就委托誊录院将考生的答卷重新誊录一遍，再由对读官进行审阅，以此保证科举的公正。

【译文】虽然试卷已经密封，可是全面观察人才还可以看考生的字体，通过字体可以判断考生的为人，这样举子们就知道会努力练习书法，也可以吸引人好好打下基础。自从誊录的方法实行，字体差的有时却可以假借别人之手而隐瞒，直行无忌，人品就越来越差了。

（九）

【原典】

真宗时，试进士初用糊名①法，以革容私之弊。

——（南宋）王栐《燕翼诒谋录》

【注释】①糊名：考生考完试以后把姓名、籍贯、初试成绩等信息全部盖住，最后统计成绩再拆封，避免舞弊。

【译文】宋真宗时，测试进士开始使用糊名的办法，用以革除徇私舞弊的弊端。

【国学常识】

"魅惑"天下士子的科举取士

南朝梁武帝萧衍已经提出要取消门第界限，使寒门学子也能获得同等进仕的权利。隋文帝杨坚开始正式施行开科取士。隋炀帝杨广继续执行并开始设立进士科，以学业才艺为主，从此科举取士成为国家按照个人才学选拔人才的模式。唐太宗一方面增加科举考试的科目、扩大举子的范围，为各类人才走上仕途广开门路。另一方

清代科举考生

面大力开设学校，为科举培养后备生员。唐玄宗更明确规定，进士科要以诗赋为主要内容，杜绝早先察举带来的弊端，使得明经、进士成为科举中最重要的两个科目。在历史的发展中，科举制也不断完善，宋代开始正式增加殿试一关，实施"糊名法""誊录法"，对今天的考试制度有启示意义。明清两代，科举制达到顶峰，一直到1905年，延续一千多年的科举取士宣告终结。

 【国学故事】

没有得意到最后的孟郊

唐代著名诗人孟郊，字东野，祖籍山东，出生在浙江。早年家中贫苦，只好离开家乡，到各地求学访友。但多年的游宦生活也没有带来任何人生的际遇，孤独和贫困依旧。他连年参加进士选拔，却多次与场屋无缘，备受人生的苦楚。唐德宗贞元年间，也就是孟郊46岁的时候，最大的一次机遇出现在他的眼前，苦尽甘来的孟郊终于进士及第，这才是"十年寒窗无人问，一举成名天下知"（刘祁《归潜志》卷七）。考中进士的孟郊兴奋地写下了著名的诗句"春风得意马蹄疾，一日看尽长安花"表达内心的狂喜。但孟郊的仕途并不顺利，多年的贫困孤苦生活养成了他孤僻寡合的性格，周围人中只有韩愈欣赏他。他自己又不喜欢搞政务，经常拿出一半的工资交给副职，让他代替自己履行职责。政绩名声不好，俸禄又受影响，最终年迈家空、一贫彻骨，一代诗才就此撒手人寰。

 【现实启悟】

改进干部考察方法，完善选人用人机制

改进干部考核办法，做好干部选拔工作，重要的是坚持问题导向，改进考察办法，不断完善选人用人机制。要强化党组织的领导

和把关作用，强化党委主体责任、纪委监督责任和组织部门考察责任，加强经常性分析研判，说得出哪个干部强、哪个干部弱，说得出强在哪里、弱在何处，搞清楚干部从哪里选、往哪里配。要从地区发展需要出发选拔干部，坚持以事择人、人岗相适，统筹好各类干部资源，协调好岗位和干部这两个因素，把合适的干部用到合适的岗位上。在考察干部时，有四点需要注意。一是考察人员自身要过硬。考察人员想要在考察中突出"个性化"考察，达到准确考察评价干部目的，避免千人一面，必须要有过硬的业务能力做支撑。二是考察时谈话要深入。考察谈话是干部考察中最常用、最有效、最基本的方法之一，在谈话时要通过多听、多看、多问、多思，搜集更多能够反映考察对象个性特征的素材。面谈时要引导其谈观点、谈看法、谈体会，既谈工作情况，也谈被考察对象在对人、对事的态度和思维方式、行为方式上所表现出的特点。三是对被考察人员的分析要透彻。坚持"不唯上、不唯听、不唯书、只唯实"的原则，对通过各种渠道收集到考察对象的有关信息，要认真分析，反复甄别，准确定位。四是对被考察人员的表述要重点突出"精、准、实、像"。"精"就是要精选最能体现本人特征的论点和论据；"准"就是评价要恰如其分，不能随意拔高或贬低；"实"就是要坚持实事求是，以事实为依据，对事实和数字要反复核实，做到准确无误；"像"就是要读到特点如见其人，这个干部的长处、短处、优点、缺点等，都要一目了然。

第五篇

养才育才

"育才造士，为国之本"，培育人才事关国家和民族发展的长远大计。自古以来，历朝历代就非常重视人才的教育问题，不仅兴办官学，由民间力量组织兴办的私学也非常兴盛，从小学、大学、太学、国子监再到近代的京师大学堂，等等，建立了较为完备的教育体系，培养了大批的精英人才。接受完系统的学校教育还不算完，"吾生也有涯，而知也无涯"，在步入社会、官场以后，还要不断学习、经受历练、经受挫折以增长知识，砥砺道德，陶冶情操，逐渐形成完整的人生观、价值观、世界观。

可见，人才的教育培养是一项长期工程。既需要个人的长期努力，坚持不懈、敬终如始，"学不可以已""终吾身而已矣"，同时也需要政府、社会的大力支持，发动全社会的力量办好教育，培育出更多更优秀的人才。中华民族几千年的教育史，形成了若干闪烁着理性光辉的教育理念，诸如"因材施教""不愤不启""以人为本""读万卷书，行万里路"等，仍是"放之四海皆准"的教育真理，至今在培养人才方面仍发挥着重要作用。当今我国提倡实施的素质教育就是因材施教的具体化表现，在学生共性的基础上重视个性发展，加以引导、培养，发展出适合学生自身特点的技术专长、才艺专长，为我国培养了大批高素质人才。"敬教劝学，建国之大本；兴贤育才，为政之先务。"只有真正将人才的培养教育摆到重要位置，提上工作日程，下大气力抓好培养工作，才能为我国现代化发展源源不断地提供大批优秀人才。

一、育才为国之大计

（一）

【原典】

我欲贱①而贵②，愚而智，贫而富，可乎？曰：其唯学乎。彼学者，行之，曰士也；敦慕③焉，君子也；知④之，圣人也。

——（战国）荀况《荀子·儒效》

【注释】①贱：地位低。

②贵：地位高。

③敦慕：勉励、努力。

④知：了解、掌握。

【译文】我原本地位低贱想变得崇高，原本愚昧想变得睿智，原本贫困想变得富有，可以吗？（荀子）说："那么只有学习才能实现你的理想。那些学习的人，一旦开始学了，就成为士人；努力学习了，就成为君子；精通学到的知识，就成为圣人。"

（二）

【原典】

土之美者善养禾，君之明者善养士。

——（东汉）班固《汉书·李寻传》

【译文】 肥沃的土地适合种植五谷，贤明的君主擅长培育人才。

（三）

【原典】

兴衰资乎人，得失在乎教。

——（南朝梁）王通《中说·立命》

【译文】 国家兴盛还是衰败根本在于人才，施政的得与失关键在于教育。

（四）

【原典】

和氏之璧，井里璞①耳；良工修之则成国宝。

——（唐）马总《意林·晏子》

【注释】 ①璞（pú）：没有雕琢过的玉石。

【译文】 和氏璧本来只是井中的璞石；高明的玉工加以修饰就成了国宝。

（五）

【原典】

天下至大器①也，非大明法度，不足以维持，非众建贤才，不足以保守。

——（北宋）王安石《上时政疏》

【注释】 ①大器：就是宝器。

【译文】 天下国家，除非是昌明法度，否则不足以维持，除非多培养贤才，否则不足以守护。

（六）

【原典】

善国者，莫先育才；育才之方，莫先劝学。

——（北宋）范仲淹《上时相议制举书》

【译文】 善于治理国家的人，没有什么比培育人才更重要；培育人才的方法，没有什么比鼓励学习更有效果。

（七）

【原典】

善言治者，必以成就人才为急务。

——（北宋）杨时《二程粹言》

【译文】 擅长谈论国家大治的人，一定要把培养、养成人才作为紧急事务。

（八）

【原典】

人材不成，虽有良法美意，孰与行之？

——（南宋）朱熹《二程遗书》

【译文】 人才没有培养出来，即使有好的法律、出色的创意，能由谁来执行呢？

（九）

【原典】

自强之策，以教育人才为先；教战之方，以设立学堂为本。

——（清）张之洞《设立武备学堂折》

【译文】国家自强的措施，都是以教育人才为首要任务；教导人才学习战术，以建立学堂作为根本。

【国学常识】

文明传承的摇篮——书院

传承文明是书院的使命，也是书院最本质的特点。"书院"是唐宋至明清出现的一种独立的教育机构，最初由有名望的乡绅富户、学者自行筹款，多建于山林僻静之处，用于公开聚徒讲授、研究学问。后发展为私人创办和官府设置两种性质。最早的官办书院是唐

岳麓书院建于宋朝，坐落在湖南长沙湘江西岸的岳麓山下

开元六年（718年）的丽正修书院（十三年改名为集贤殿书院），是官方修书校书和藏书的场所，主要负责刻印典籍、征集遗书、辨明典章，以备顾问，是政府的秘书机关。正式的书院教育制度到宋代盛行，其规章制度的完善要到理学大家朱熹的时候才创立。由于割据战乱，官学废弃，私学得以盛行，而且一些著名文人也都隐居在书院之中，使得书院名气大振。后来朝廷多有参与，委派教官、调拨经费、赏赐书籍等，书院逐步变为半官半民的性质。在书院中教师可以自由讲学，学生也可以自由择学，以自学和研究为主，提倡百家争鸣、相互交流。优雅的读书环境、良好的学风，使得书院成为宋元明清时期人才培养的重要基地。宋代著名的四大书院是：江西庐山的白鹿洞书院、湖南善化的岳麓书院、湖南衡阳的石鼓书院和河南商丘的应天府书院。明代无锡有东林书院。清代福州有鳌峰书院、凤池书院、正谊书院和致用书院。

 【国学故事】

文化圣殿稷下学宫

齐国稷下是战国文人的重要集散地。当时齐威王当政，在齐都临淄的稷门附近建起了巍峨的稷下学宫，设大夫之号，招揽天下贤士，革新政治、整顿吏治、发展生产、繁荣经济、选贤任能、广开言路，使齐国渐强于诸侯。前319年，齐宣王即位，齐国的综合国力迅速壮大。齐宣王致力于称霸中原，完成统一大业。为此，他像父辈那样大力发展稷下学宫，对学者尊崇礼遇，为他们提供优厚的物质与政治待遇：开"康庄之衢"，修"高门大屋"；政治上，授"上大夫"之号，鼓励他们参政、议政；学术上，勉励他们著书立说，展开讨论。当时的稷下学宫，天下英才云集，著名的学者如荀子、孟子、淳于髡、邹衍、申不害、尹文子、鲁仲连等。尤其是荀子，曾经三次担任过学宫的"祭酒"（学宫之长）。稷下成为培养人才、传播文化的中心，也是我国历史上第一次学术大讨论"百家争鸣"的发源地和中心园地，有力促成了天下学术争鸣局面的形成，大大促进了人才的培养和成长。在中国几千年历史中，稷下学宫浓厚的学术氛围，自由的学术思想，丰硕的学术成果，都是独树一帜的。

【现实启悟】

重视教育就是赢得未来

"百年大计，教育为本"，这不仅仅是一句口号，国家的长治久安，要靠各个领域的杰出人才贡献力量，而人才的培养就要靠教育。正所谓"天下之治在人才，天下之才在教化"。

我国现阶段正处于社会主义现代化建设、全面建成小康社会的关键时期，这一时期正是知识经济占据主导地位的时期，培养高技能、高水平的知识型人才是关系到这一目标能否早日实现的重要因素。党中央对人才培养一直高度重视。以习近平同志为总书记的党中央一以贯之，在建设中国特色社会主义"五位一体"的总布局中，始终坚持把教育摆在基础性、先导性、全局性的地位，强调教育直接关系全面建成小康社会、实现中华民族伟大复兴的全局，必须坚定不移地实施科教兴国战略、人才强国战略和可持续发展战略。习近平同志代表中国政府对联合国"教育第一"全球倡议行动的正式表态时说道："百年大计，教育为本。教育是人类传承文明和知识、培养年轻一代、创造美好生活的根本途径。中国有 2.6 亿名在校学生和 1500 万名教师，发展教育任务繁重。"各级党政领导要牢牢树立教育为国之根本的意识，把教育工作摆在重要位置，担负起首要责任，常抓不懈。

二、英才辈出靠教化

（一）

【原典】

君子博学而日参①省②乎己，则知③明而行无过矣。

——（战国）荀况《荀子·劝学》

【注释】　①参（sān）：通"三"。这里指多。

②省（xǐng）：反省。

③知（zhì）：智慧。

【译文】　君子广泛学习并且每日多次反省自己，就会智慧明达、行为没有过错。

（二）

【原典】

虽有至圣，不生而知；虽有至材，不生而能。

——（东汉）王符《潜夫论·赞学》

【译文】　即使是顶尖的圣人，也不是生下来就懂得道理；即使是顶尖的人才，也不是生下来就很有才能。

（三）

【原典】

才须学也，非学无以广才，非志无以成学。

——（三国蜀）诸葛亮《诫子书》

【译文】 才能是需要学习的，不学习就没有办法拓宽才学，没有志向就没有办法成就学问。

（四）

【原典】

自古圣贤尽贫贱，何况我辈孤且直。

——（南朝宋）鲍照《拟行路难十八首》

【译文】 自古以来圣贤大多出身贫贱，更何况我们这些出身卑微、脾气刚直的凡人呢？

（五）

【原典】

木有所养，则根本固而枝叶茂，栋梁之材成；水有所养，则泉源壮而流派①长，灌溉之利溥②。

——（北宋）林逋《省心录》

【注释】 ①流派：支流。

②溥：普遍。

【译文】 树木有人培养，就会树根稳固枝叶茂盛，成就栋梁之材；河流有人养护，就会源水充足支流漫长，灌溉的好处就会普遍。

（六）

【原典】

今诸大夫有材能者甚少，宜豫①畜养可成就者，则士赴难不爱②其死；临事仓卒③乃求，非所以明朝廷也。

——（北宋）司马光《资治通鉴》

【注释】 ①豫：预先。

②爱：吝惜。

③仓卒：仓猝。

【译文】 如今士大夫中有才能的很少，应该预先培养使他们成就人才，那么才士就会奔赴国难不贪生怕死；一旦事发仓促再临时求助人才，并不是使朝廷清明的方法。

（七）

【原典】

今之天下，亦先王之天下。先王之时，人才尝众矣，何至于今而独不足乎？故曰：陶冶①而成之者，非其道故也。

——（北宋）王安石《上仁宗皇帝万言书》

【注释】 ①陶冶：烧制陶器和冶炼金属，指培养、培育。

【译文】 现在的天下也是先王时的天下。先王在世的时候，曾经人才济济，为什么到现在却人才不足呢？所以说：培养人才成就人才的方法不对造成了这种局面。

（八）

【原典】

为治者不患乎无才，而患乎聚天下之才而不能教；用天下之才而不能择。

——（明）方孝孺《明教》

【译文】治理国家的人不担心没有人才，而是担心汇聚天下英才却不能教化他们，任用天下英才却不懂如何选拔。

（九）

【原典】

才者材也，养之贵素，使之贵器。养之素则不乏，使之器则得宜。

——（明）张居正《论政时疏》

【译文】人才就如同木材，培养贵在平时，使用贵在量才而用。平时培养人才就不会缺乏人才，量才使用就能各得其宜。

【国学常识】

诗书继世的"书香门第"

每逢春节，很多人家的门上都贴上这样一副对联：忠厚传家久，诗书继世长。"诗书继世"是古代家族不懈的追求，"书香门第"是每个家庭的崇高理想。所谓"书香门第"是指世代读书人的家庭。古人典藏书籍时为了防止蠹虫咬食，就在书中夹置一种芸香草，可以驱虫，而且夹有这种草的书籍打开之后清香袭人，故而称之为"书香"。后来就用"书香"来泛指读书人家或知识分子家庭。"门第"在古时候指富贵人家的宅第。后用"书香门第"表示饱读诗书、在社会上有较高地位和名望的人家。许杰文在其著作《门第溯源》中进一步发展了"书香门第"的解释，他说，"书"泛指四书五经。"香"指的是家里有祠堂家庙、家谱。"门"指家里的地位在社会上得到认可。"第"指家里每一百年就出一个对社会有重大责任的人。

【国学故事】

子路受教

孔子的学生子路，年轻的时候说话办事很鲁莽，为人也很粗野，非常喜欢击剑，也很喜欢为人打抱不平。他第一次见到孔子就直言不讳地说，读书学习毫无用处，他说："你看那南山的竹子，不用整修就很直，直接截取一段就可以当箭用，甚至可以穿透皮革。"这话的意思就是说我子路天生就是有才能的人，根本不需要学习。孔子听完他的大话后并没有生气，也没有反驳他，而是接着子路的话题

子路问津

说："笔直的竹子用来做箭固然很好，但是，你想想，如果给竹子再加加工，后面装上飞羽，前面装上金属的箭头，是不是飞得更远，射得更准，穿得更透呢？"孔子的话也蕴含了一层道理：读书学习可以让人更有才能。即使是平庸的人接受教化后也会变得出类拔萃。子路听完后连忙拜谢说："您的一席话真是让我受益良多。"

事实也证明了孔子教化的作用，这样一个鲁莽粗野的汉子却成

为了最有名的孝子，"子路背米"的故事作为二十四孝之一世代流传。孔子门下弟子多达三千余人，其中德才出众的就有72人，被后人称为"七十二贤人"，可谓英才辈出。

【现实启悟】

为有源头活水来

教育兴，则人才兴；人才兴，则国家兴。中国历朝统治者都深深认识到这一点。重视人才、重视教育，国富民强的朝代有之，忽视人才、忽视教育，国衰民贫的朝代亦有之。以古鉴今，要实现中华民族伟大复兴的中国梦，需要源源不断地培养一批又一批青年人才，需要一代又一代人的不懈努力。习近平同志在北京同中国各界优秀青年代表座谈时指出："中国梦是我们的，更是你们青年一代的。中华民族伟大复兴终将在广大青年的接力奋斗中变为现实。"习近平在中国科学院第十七次院士大会、中国工程院第十二次院士大会开幕会上发表重要讲话时指出，我国要在科技创新方面走在世界前列，必须在创新实践中发现人才、在创新活动中培育人才、在创新事业中凝聚人才，必须大力培养造就规模宏大、结构合理、素质优良的创新型科技人才。实现中国梦，青年是生力军，更是中坚力量。这就要为青年人才的成长创造有利环境和氛围，重视青年人才的培养，探索青年人才的成长规律，加大培养力度，探索培养方式方法，坚持超前谋划，及早抓，并且抓紧抓牢，制定人才培养中长期计划，有计划、有步骤地实施培养，防止"才到用时方恨少"，出现"青黄不接""人才断层"等现象。只有建设好青年"生态林"，源源不断提供"源头活水"，中国梦才有望实现。

三、培育人才要因材施教

（一）

【原典】

孟武伯问子路仁乎？子曰："不知也。"又问。子曰："由①也，千乘之国，可使治其赋②也，不知其仁也。""求出何如？"子曰："求③也，千室之邑④，百乘之家⑤，可使为之宰⑥也，不知其仁也。""赤也何如？"子曰："赤⑦也，束带立于朝，可使与宾客言也，不知其仁也。"

——春秋《论语·公冶长》

【注释】①由：孔子弟子，姓仲名由，字子路。

②赋：兵车。

③求：孔子弟子，姓冉名求，字子有。

④邑：采邑、封地。

⑤家：大夫的封地。

⑥宰：家臣。

⑦赤：孔子弟子，复姓公西，名赤，字子华。

【译文】孟武伯向孔子问子路算不算有仁德？孔子说："不知道"。又问了一遍。孔子说："子路这个人，有一千辆兵车的国家，可以让子路去管理兵车，不知道他的仁义如何。"又问："冉求怎么样?"孔子说:"冉求这个人,有一千户人口的封地,一百辆兵车的大夫,可以让他去做家臣,不知道他的仁义如何。"又问:"公西华怎么样?"孔子说:"公西华,穿上礼服,系上腰带站在朝廷上,让他和来往的宾客交谈,也不知道他的仁义如何。"

(二)

【原典】

孔子说:"君子有三戒:少之时,血气未定,戒之在色;及其壮也,血气方刚,戒之在斗;及其老也,血气既衰,戒之在得。"

——春秋《论语·季氏》

【译文】孔子说:"君子一生要有三戒:少年时,血气未定,要在美色上限制自己;等到了壮年,血气正旺,要在好勇斗狠上限制自己;到了老年,血气已经衰竭,要在索求无度上限制自己。"

(三)

【原典】

立大学①,设庠序②,修六礼③,明七教④,所以道⑤之也。《诗》曰:"饮⑥之食⑦之,教之诲之。"王事具矣。

——(战国)荀况《荀子·大略》

【注释】①大学:古代男子十五岁就学的地方。

②庠(xiáng)序:周代学校称庠,商代学校称序,后来用庠序指代学校。

③六礼:指古代的冠礼、婚礼、丧礼、祭礼、乡饮酒礼和乡射礼、相见礼。

④七教:古代指父子、兄弟、夫妇、君臣、长幼、朋友、宾客彼此遵从的伦理规范。也可以指敬老、尊齿、

乐施、亲贤、好德、恶贪、廉让七种道德规范。

⑤道（dǎo）：现在写作"导"。

⑥饮（yìn）：使喝水。

⑦食（sì）：使吃食物。

【译文】建立大学，设立学校，修习六种礼仪，阐明七种伦理，以此来引导百姓。《诗经》上说："喂他喝水，喂他吃饭，教导他，训教他。"天子的职责都在这儿了。

（四）

【原典】————

玉不琢，不成器。人不学，不知义。是故古之王者，建国君民，教学为先。

——《礼记·学记》

【译文】美玉不雕琢，不会成为人们喜爱的器物；人不学习，就不懂得道理；因此古代的天子建立国家为百姓设置君主，都把教人学习放在首位。

（五）

【原典】————

故养士之大者，莫大乎太学①；太学者，贤士之所关也，教化之本原也……臣愿陛下兴太学，置明师，以养天下之士，数考问以尽其材，则英俊宜可得矣。

——（西汉）董仲舒《举贤良对策》

【注释】①太学：古代设于京城的最高学府。西周已有太学的说法。汉武帝元朔五年（前124年）设立太学，立五经博士，有弟子五十人，是设立太学的开始。

【译文】所以培养人才最重要的没有什么能超过太学；太学，是和贤士关联最深的地方，施行教化的本源。我希望陛下兴办太学，在太学中配备明师来培养天下人才，多次考核来广泛招揽人才，就能获得英才了。

<h2>（六）</h2>

【原典】

人才有高下，知物由学，学之乃知，不问不识。

—— （东汉）王充《论衡·实知》

【译文】人的才学有高有低，了解万物要靠学习，学习了才能了解，不请教别人就不明白。

<h2>（七）</h2>

【原典】

立人以善，成善以教……移风俗，敛贤才，未有不由此道也。

—— （北宋）李觏《教道一》

【译文】用善行培养人，用教育养成善行……改变社会风气，招揽贤才，没有不走这条路的。

<h2>（八）</h2>

【原典】

子游①能养而或失于敬，子夏②能直义而或少温润之色，各因其材之高下与其所失而告之，故不同也。

—— （南宋）朱熹《论语集注》

【注释】①子游：孔子弟子，姓言名偃，字子游。

②子夏：孔子弟子，姓卜名商，字子夏。

【译文】子游能够奉养父母，可是对父母缺乏应有的尊重；子夏擅长直言快语，但有时脸色不柔和，孔子根据他们各自的实际情况、才能高低和各自的缺点告诉他们答案，所以二人的问题相同，可是孔子的回答却不同。

【国学常识】

孔子"有教无类"

孔子名丘，字仲尼，春秋时期鲁国人，我国古代著名思想家、哲学家、教育家。孔子兴办私学，广收学徒，打破了"学在官府"对教育的垄断，他创立了儒家学说，其思想对东亚、东南亚许多国家都有深刻影响，被后代尊为"万世师表"。孔子首倡"有教无类"，所谓"类"，是指种类、类别；"无类"，就是不分类、没有类的差别；"有教无类"，就是主张教育者应当不分富贵贫贱、天资智愚、地位尊卑、地域远近、民族差别、善恶不同等的区别与限制，

明代《圣迹图》（局部），描绘了孔子周游列国、退修诗书、教授弟子的生活片段

以平等的态度对待一切受教育者。其实质就是主张平等育人。因此孔子主张对一切可以施教的人都不能拒绝进行教育，曾说："自行束脩以上，吾未尝无诲焉。"孟子所谓的"夫子之设科也，往者不追，来者不拒"是对孔子"有教无类"思想的最好注脚。孔子的"有教无类"思想，扩大了教育对象，使全体民众都纳入受教育的范围，对提高全民文化水平、提升全民素质有极其重大的影响和深远的意义。

【国学故事】

孔子因材施教

因材施教是孔子重要的教育理念，孔子在实施教育时能根据学生的素质、特长，有针对性地加以教导。有一天，子路问老师："听到别人的要求，立刻就行动，是这样吗？"孔子说："有父亲兄长在，怎么可以不去问问他们的意见而自己就马上行动呢？"另一个弟子冉有有一次也问了同样的问题，孔子却说："听到别人的要求，当然应该马上付之于行动了。"这时候，弟子公西华很纳闷，就问老师："老师，为什么相同的问题，您给子路和冉有截然相反的答案啊？这让我很疑惑，您能说说为什么吗？"孔子笑着对公西华说："冉有这个孩子啊，性格很懦弱，做起事来呢总是畏首畏尾，缩手缩脚的，所以应该多鼓励他行动要果断些；子路这人就不同了，他好勇过人，毛手毛脚的，性格很暴躁，做事很多时候欠考虑，所以要尽量地约束他，一旦听到别人的要求或是鼓励的话，不能马上动手行动，而应该先去听听父兄的看法。"公西华听完了点点头，对老师这种对不同的人采取不同教育方法的策略深感佩服。

永不过时的"因材施教"

教育从来就不是搞"一刀切"的事，首先，就像"世上没有两片相同的树叶"一样，"世上没有两个完全相同的人"，即使是双胞胎，也会存在性格和品质上的差异。作为教育对象本身的本质特征就是千差万别的，那么教育又怎么能"以一敌万"呢？

教育本身就具有时代性，不同的时代特征和社会发展需要对教育的具体实施提出相应的标准和参考，这就要求教育者顺应时代所需来培养相对应的人才。

"因材施教"永远不过时，具体在实施时要把握好两点：一是要"因材"培养，善于甄别人才类型，区别培养，不必苛求全面、统一、精深的标准；二是要异中有同，无论哪一行的人才培养都离不开一个共同的底线，那就是正确的世界观、价值观、道德观的培养。因此，因材施教仍然要遵循一个共同的原则——正确的世界观、人生观、价值观的教育，在这一原则下开展多样化的教育，培养多样化的人才才是合格的因材施教。

四、千锤百炼终成器

（一）

【原典】

盖文王拘而演《周易》；仲尼厄^①而作《春秋》……《诗》三百篇，大抵圣贤发愤^②之所为作也。

——（西汉）司马迁《报任安书》

【注释】　①厄（è）：困苦。

②发愤：抒发愤懑。

【译文】　周文王被拘禁而推演出《周易》；孔子遭围困才写出《春秋》……《诗经》三百篇，大都是圣贤抒发胸中愤懑创作的作品。

（二）

【原典】

少治《春秋》，孝景时为博士。下帷讲诵，弟子传以久次相授业，或莫见其面。盖三年不窥园，其精如此。

——（东汉）班固《汉书·董仲舒传》

【译文】　董仲舒因年轻时研究《春秋》，汉景帝时拜为博士。他

位于河南省安阳市汤阴县的周王文被拘地羑里城

居家教书，上门求学的人很多，不能一一亲自传授，弟子们便相互传教，有的弟子都没有见过他的面。大概他三年读书期间连自己家的花园都没有时间去看上一眼，是如此精心。

（三）

【原典】

君不困不成王，烈士不困行不彰。

——《孔子家语·困誓》

【译文】君主不遭受困境就不会成就王业，壮怀激烈的人不处于困境高尚的行为就不会彰显出来。

（四）

【原典】

三更灯火五更鸡，正是男儿读书时。黑发不知勤学早，白首方悔读书迟。

——（唐）颜真卿《劝学》

【译文】三更时开始点上灯一直到五更鸡叫，这时正是男子读书的好时候。年轻时不知道早一点苦学苦读，上了年纪就会后悔读书晚了。

（五）

【原典】

不有百炼火，孰知寸金精。

—— （唐）孟郊《古意赠梁肃补阙》

【译文】 没有经过烈火的千百次锻炼，就不能知道一寸金属的珍贵。

（六）

【原典】

古人手中铸神物，百炼百淬始提出。

—— （唐）齐己《古剑歌》

【译文】 古人手中铸成的神剑，都是经过反复折叠锻打，上百次的淬火才制成的。

（七）

【原典】

凌霜不肯让松柏，作宇①由来称栋梁②。

—— （唐）史俊《题巴州光福寺楠木》

【注释】 ①宇：屋檐，代指房屋。
②栋梁：柱子。

【译文】 楠树抵御寒霜的顽强不输于松树和柏树，建造房屋向来用楠木作为栋梁。

（八）

【原典】

人才自古要养成，放使干^①霄战风雨。

——（南宋）陆游《苦笋》

【注释】 ①干（gān）：冲上。

【译文】 人才从来都是培养而来的，放任他们直冲云霄经受风雨的洗礼。

（九）

【原典】

陨霜警木，世难厉德。

——（清）施闰章《警志诗》

【译文】 使万物凋零的寒霜能够警醒树木，世道艰难才可以磨砺人的品德。

 【国学常识】

"孔门四科"与"孔门十哲"

"孔门四科"是指孔子教育学生的内容，"孔门四科"内容有两种说法，一种说法是指"文、行、忠、信"四个方面，依据是《论语·述而》记载："子以四教：文、行、忠、信。""文"主要是指各种文献的整理与研究，主要有《诗》《书》《礼》《乐》《易》《春秋》等，涵盖哲学、政治、历史、文艺等方面；"行"主要指道德实践，孔子曾说"行有余力，则以学文"，认为行比文重要；"忠"是对人真诚，即"与人谋而不忠乎"；"信"指与人交往的诚信，主要指说话信实、言行一致。另一种说法是指德行、言语、政事、文学四科。依据是《论语·先进》记载："德行：颜渊、闵子骞、冉伯牛、仲弓；言语：宰我、子贡；政事：冉有、季路；文学：子游、子夏。"这就是说，孔门弟子根据其学业特长分为德行、言语、政事、文学四科。行即指修养道德，言语则指口才演说能力，政事指政治才能，文学指文献整理。

《孔子讲学图》

"孔门十哲"也就是"孔门四科"的代表，是孔子亲授弟子中最优秀的十位学生。他们分别是：颜回，是孔子最为欣赏的学生，品学俱优，德行科代表，不幸早亡；闵子骞，以德行著称，洁身自守，坚持不仕；冉伯牛，德行出众，不幸染恶疾早逝；仲弓，出身微贫，以德行著称，其宽宏厚重的品性为孔子称赞；宰我，善言辞，言语科代表，孔子曾派他出使齐、楚等国；子贡，长于雄辩，善搞外交，精于处世，是春秋时期著名的富商，子贡曾为孔子守墓6年，可见师生情谊非常深厚；冉有，生性谦谨，具有出色的政治和军事才能，曾因为帮助季康子聚敛民财而受到孔子的严厉批评；子路，性格豪爽，为人耿直，政事科代表，一生忠于孔子，在卫国的内讧中被杀；子游，文学科代表，在鲁国的武城为官时倡行礼乐，深为孔子赞佩；子夏，文学科代表，才思敏捷，经常与孔子讨论文学，时有不凡的创见，儒家的许多经典都是通过子夏传授下来的。

 【国学故事】

勾践卧薪尝胆

春秋时期，吴国和越国战争不断。越国被吴国打败，越王勾践被吴王夫差俘虏。勾践和夫人为吴王阖闾看守坟墓，还亲自为夫差喂马，每逢夫差出行，勾践还要为夫差牵马坠蹬，伺候夫差上马。而夫人也作为夫差夫人的奴婢，亲手侍奉夫人的起居。这样备受凌辱地过了两年，夫差认为勾践真心归顺了，才放他们回国。回国后的勾践立下誓约，此仇不报非君子。他时刻牢记耻辱，生怕贪图安逸会消磨复仇之志，就特意在吃饭的地方挂上一个苦胆，每次吃饭之前，一定要先尝一尝苦胆的味道，还要告诫自己："勾践啊勾践，你忘了会稽的耻辱吗？"他还撤去席子，以柴草铺地。就这样，勾践君臣忍辱负重，经过十年发展生产，积聚力量，又经过十年练兵，终于在前473年一雪前耻打败夫差，灭掉了吴国。此后，他还渡淮北上，与各路诸侯会盟，终于成为春秋时期最后一个霸主。清代蒲松龄给予高度评价说："苦心人，天不负，卧薪尝胆，三千越甲可吞吴。"

【现实启悟】

千锤百炼出人才

习近平同志在《之江新语》中写道："好钢要用在刀刃上，'千里马'要在大风大浪中经受考验，后备干部不能放在'温室'里去刻意培养。'天将降大任于斯人也'，必先以磨难历练他，这样才能'增益其所不能'。"

一方面，要有组织、有计划地安排优秀人才到艰苦的岗位上去历练，磨炼其心性、砥砺其品德、增长其能力。习近平同志指出："这种锻炼不是做样子的，而应该是多岗位、长时间的，没有预设晋升路线图的。要让年轻干部在实践中'大事难事看担当，逆境顺境看襟度'。"

另一方面，优秀人才要自觉把远大理想与脚踏实地结合起来，自觉、主动到基层一线去、到艰苦环境中去。只有经此磨炼，才能丰富阅历，增长才干，养成吃苦耐劳的品格和脚踏实地的作风，培养责任和担当意识，逐步成长成熟起来，真正成为社会的中流砥柱。

五、养才育才贵在恒

（一）

【原典】

吾十有五而志于学，三十而立，四十而不惑，五十而知天命，六十而耳顺，七十而从心所欲不逾矩。

——春秋《论语·为政》

【译文】我十五岁有志于学习，三十岁可以在社会上立足，四十岁才不再疑惑，五十岁可以了解天命，六十岁就耳听心知，七十岁就可以随心所欲，无论做什么都不会逾越规矩。

（二）

【原典】

十年树木，百年树人。

——（春秋）管仲《管子·权修》

【译文】十年的时间才能育成一棵树，百年的时间才能培养成一个人才。

（三）

【原典】

不积跬步^①，无以至千里；不积小流，无以成江海。

—— （战国）荀况《荀子·劝学》

【注释】 ①跬（kuǐ）步：半步为跬，一步叫步。

【译文】 不一小步一小步地走，就不能到达千里之外；不汇聚小河，就不能形成江海。

（四）

【原典】

春树桃李，夏得阴^①其下，秋得食其实。

—— （西汉）韩婴《韩诗外传》

【注释】 ①阴：树阴。

【译文】 春天种下桃树、李树，夏天就可以在它们的树阴下休息，秋天可以吃到它们的果实。

（五）

【原典】

马不素养，难以追远；士不素简^①，难以趋急。

—— （东汉）崔寔《政论》

【注释】 ①简：选拔。

【译文】 平时不驯养马匹，难以追上远处的目标；平时不选拔士人，遇到紧急事务难以应对。

（六）

【原典】

古人学问无遗力，少壮工夫老始成。

——（南宋）陆游《冬夜卖书示子书》

【译文】 古人学习、求教不遗余力，少年开始下功夫到老了才开始成功。

（七）

【原典】

君要花满县，桃李趁时栽。

——（南宋）辛弃疾《水调歌头·和赵景明知县韵》

【译文】 县令要想让鲜花开满全县，就要趁着应时的季节栽种桃树、李树。

 【国学常识】

科举四宴

科举四宴指的是古代科举考试结束后，朝廷为中榜者进行庆祝的四个例行宴会，其中文、武科举各有两个，文科是"鹿鸣宴""琼林宴"，武科是"鹰扬宴""会武宴"。"鹿鸣宴"是专为文科乡试后新科举人举行的宴会，由于宴会上要唱《诗经·小雅》中的《鹿鸣》之诗而得名。此宴始于唐代，后世一直沿用，由地方官吏主持，除邀请新科举子外，考场工作人员也都会被邀请。"琼林宴"是为文科殿试后的新科进士举行的宴会。此宴始于宋代，宋太祖赵匡胤首开殿试制度，并规定殿试后为新科进士设宴庆贺。因为宴会在当时汴京城西的皇家花园琼林苑里举行，故名"琼林宴"，后来改名"闻喜宴"，元、明、清时称作"恩荣宴"。"鹰扬宴"是为武科乡试中榜武举人举行的宴会。一般在发榜第二天举行，参加者为主考官和新科武举人。"鹰扬"意为威武如鹰击长空，与文举子的"鹿鸣"相照应。"会武宴"是武科殿试发榜后为新科武进士举行的庆祝宴，该宴自唐代产生武举之后便有，一般在兵部举行，规模浩大，比"鹰扬宴"排场大许多。

【国学故事】

隐窗勤学的张九成

张九成，字子韶，南宋抗金名臣。张九成在科举考试的殿试阶

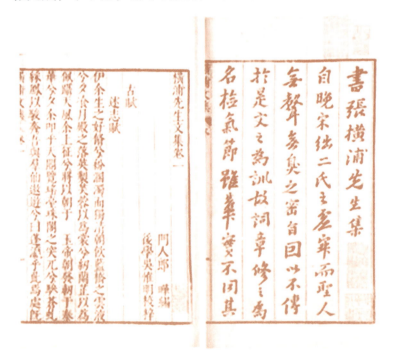

《横浦先生文集》书影　张九成　撰

段，痛陈抗金形势，受到考官的赏识，被宋高宗钦点为第一名状元。后来因为与秦桧政见不合被贬南安军十四年。在南安军的十四年中，张九成住在城西宝界寺，夙兴夜寐，读书不辍。每天早晨天将亮不亮的时候，张九成已经站在一扇小窗户前开始攻读。日复一日，年复一年，从不间断，一直坚持了十四年。后来，秦桧去世，张九成奉诏回朝，回到临安。他离开宝界寺以后，人们在他经常站立窗前的砖地上，发现了一对很清晰的脚印，这就是十四年勤苦读书留下的痕迹。

【现实启悟】

贵有恒，才乃成

习近平同志曾指出："成长为一个好干部，一靠自身努力，二靠组织培养。从干部自身来讲，个人必须努力，这是干部成长的内因，也是决定性因素。""干部的党性修养、思想觉悟、道德水平不会随着党龄的积累而自然提高，也不会随着职务的升迁而自然提高，而需要终生努力。"当今时代知识更新的速度日趋加快，要想成才，一方面，个人必须不断学习，持之以恒，才能跟上时代前进的步伐。荀子在《劝学篇》中说："学不可以已。""不积跬步，无以至千里；不积小流，无以成江海。"意思是说，学习不可以停止，学习需要持之以恒、日积月累，每天都要有收获，每天都要有进步的行为。

另一方面，组织培养人才也需要持之以恒。俗话说："十年树木，百年树人"，人才的成长和培养是个长期工程，不可能"一蹴而就""毕其功于一役"，要有耐心，切忌急功近利。人才的成长也有其内在规律，要遵循成长规律，切忌揠苗助长。此外，还要探索完善培养方式，坚持多渠道、多层次、多方面培养。

第六篇 量才善任

治国之要，首在用人。善用人者可事成。善于用人就是科学合理地使用人才，做到用其所长、用当其时。善于用人是一门高超的领导科学与领导艺术，其核心在于"善用"，也就是在了解人才的基础上，如何用人、怎样用人。古人总结出了量才授能、用人如器、用人不求全责备、用人不疑等观点。

"量才授能"就是根据能力大小加以任用，使大才受大官，小才受小官，使人载其事而各得其所宜。如孔子所说的"陈力就列，不能者止"。"用人如器"就是用人之长，避人之短，使才尽其用。如"仁者用其仁，智者用其智"。"用人不疑"就是用人要充分信任，大胆使用，使人才尽情施展才华。如"用人之术，任之必专，信之必笃，然后能尽其材，而可共成事"。"用人不求全责备"就是对人不可过于苛求，要容人之短、容人之过。如"择才不求备，任物不过涯"。这些用人之道至今仍闪烁着理性的光芒，被各级领导干部和管理者所推崇。完成党的事业关键是用好干部。了解学习古人的用人之道，并不断在实践中加以运用，就能做到适才适用、用当其时，就能激发各类人才的内在潜力和活力，形成人尽其才、才尽其用的局面。

一、量才授任是为善用

（一）

【原典】

有能则举之，无能则下之。

——（战国）墨翟《墨子·尚贤上》

【译文】 有才能就举荐他，没有才能就撤免他。

（二）

【原典】

贤者举而尚之，不肖者抑而废之。

——（战国）墨翟《墨子·尚贤中》

【译文】 贤人举荐他居于上位，无才者压制他撤换他。

（三）

【原典】

无德不贵，无能不官，无功不赏，无罪不罚。

——（战国）荀况《荀子·王制》

【译文】没有德行不能有地位，没有才能不能获得官职，没有战功不能受到奖赏，没有罪责不能惩罚。

（四）

【原典】

小知^①不可使谋事，小忠不可使主法。

——（战国）韩非《韩非子·饰邪》

【注释】①知（zhì）：通"智"。

【译文】智商低的不可以让他谋划大事，忠心少的不可以让他主持法律。

（五）

【原典】

有鄙心者，不可授便势；有愚质者，不可予利器。

——（西汉）刘向《说苑·说丛》

【译文】有卑鄙之心的人，不能授予他便宜行事的权势；素质愚昧的人，不可以交给他锋利的武器。

（六）

【原典】

能者进而由之，使无所德；不能者退而休之，亦莫敢愠^①。

——（唐）柳宗元《梓人传》

【注释】①愠（yùn）：恼怒。

【译文】有才能的进入朝廷做事，也不用感谢谁；无才能的退归林下而休息，也没有谁敢生气。

（七）

【原典】

知其能则任之重可也；谓其忠则委之诚可也。

——（北宋）王安石《委任》

【译文】 了解他的能力而委之重任是可以的；认为他忠心就诚心委任他是可以的。

（八）

【原典】

用人之道，不必分文武之异，限高卑之差，在其人如何尔。

——（北宋）包拯《天章阁对策》

【译文】 用人的道理，不必区分文官、武将的差异，也不要受地位高低的局限，关键要看这个人怎么样。

（九）

【原典】

自古用人咸①试以事，若止以奏对②之间，安能知人贤否。

——（元）脱脱等《金史·世宗中纪》

【注释】 ①咸：都、全部。

②奏对：臣属当面回答皇帝提出的问题。

【译文】 自古以来任用人才都要用真实事件进行试验，如果只是在君主面前奏对，哪能知道贤还是不贤呢？

（十）

【原典】

用人之道，又当以心术为本也。

——（清）毕沅《续资治通鉴》

【译文】用人的方法，应当把心术端正作为根本。

（十一）

【原典】

才不称不可据其位，职不称不可食其禄。

——（清）王豫《蕉窗日记》

【译文】 才能不相称就不要占据官位，职责不相当就不要享受国家俸禄。

【国学常识】

古代官员的回避制度

回避制度是我国古代在任用官员时，为防止徇私舞弊而采取的一种防范性措施。朝代不同，官员回避制度的内容也有差别，主要涵盖以下几种：一是地区回避，即官员不能在原籍居官。汉代"三互法"规定"婚姻之家及两州人不得交互为官"；唐朝不许官员在原籍及邻县任官职；宋代地方官员不仅须回避原籍，只要有地产的地方也要回避，一般情况下回避的范围在千里之内。二是亲属回避，是指有亲属关系的人不得在同一区域或同一官署做官。否则，官职低的和入职晚的需要回避。三是科场回避，即主考官及考官的子弟不得同入试场，这一规定后来更加严格，五服之内的亲属都在回避的范围之内。科场回避制度肇始于宋代，清代更加严格和明确，规定凡乡试、会试主考、总裁和其他考官的子弟均不得入场。四是诉讼回避，即主审法官要回避涉及亲属的诉讼案件，如果主审官与当事人平素有冤仇也要回避。诉讼回避立法首见于《唐六典》，到了宋代，诉讼回避的范围更广，规定也更加细致。这种制度对于今天组织任免、法制建设、监督机制有着积极的借鉴意义。

【国学故事】

唐太宗量能授官

627 年，唐太宗李世民将房玄龄、长孙无忌、杜如晦等五人评为一等功臣，封官赐爵。李世民的叔父淮安王李神通见自己居于五人之后，非常不满，争辩道："臣多年来跟随陛下南征北战，也立下了不少汗马功劳，房玄龄等人不过一介文人，只会舞文弄墨，没有上过战场、军功更无半分，凭什么功却大于我、官高于我，这不公平。"唐太宗说："评定功勋、授予官职应该论功论力行赏，谁立的功劳大，谁的官职等级就应该高。这是唯一的标准。即便是皇亲国戚也不能因为私情加重封赏。"随后，他摆出房玄龄、长孙无忌等人的才能和功勋，说道："您虽然多次带兵打仗，但有几次是大败而归、无功而返，还有一次您竟然临阵脱逃，要论功劳您真的比不上房玄龄等人啊。"一番话说得淮安王心服口服，当场辞掉军职，心甘情愿任个闲职。对于高祖时分封的几十个郡王，唐太宗也毫不例外，一律论功行赏，除个

唐朝彩绘文官

别建有卓越功勋的仍封为王外，其他都降为县公。房玄龄见原秦王府的很多老部下都没有被封赏，提醒说："原秦王府里的人都跟着您好多年了，那些没被封赏的，不免会有怨言。"唐太宗说："设立官职，目的就是选拔有才能的人为百姓办事。只能根据人的能力大小委以合适的职位，怎么能以新旧资格分官呢？如果不考虑能力大小随便委派，德不称位、能不称官、赏不当功，人民必然会怨恨，国家一定会遭殃啊！"

【现实启悟】

要"量"好才再授任

管子说："君之所审者三：一曰德不当其位；二曰功不当其禄；三曰能不当其官。此三本者，治乱之原也。"意思是说君主必须掌握核实三件事：一是德行与官位符不符，二是功劳与俸禄符不符，三是才能与官位符不符。这是国家治乱的根本。德与官配、功与禄配、能与职配，都是说要量才授任、量能授官。可见古人对此早就有深刻认识。

量才授任是选拔任用人才的一条基本标准。大材小用或者小材大用都会带来不利影响。前者会阻碍人才的积极性，后者在现实中不乏其人，能力不大官位却不小，遇到急难重险任务、复杂问题处理不了，便会出现为官不为、为官乱为等现象，影响社会发展。领导干部要做到善任，前提是要"量才"，也就是清楚地了解和掌握人才的性格特点、能力大小、擅长之处等，谁适合做什么，谁又擅长干什么，都要心中有数，这就需要领导干部平时多接触、多倾听、多观察，全面真实地掌握人才的情况；还要做到立场公正，不偏不倚、不枉不纵，量才而授任，度能而授职，使"大才受大官，小才受小官"，这样才能形成人尽其才、各得其所的局面。

二、既用人则信人

（一）

【原典】

使之而不隐者信也。

——（西周）姜尚《六韬·六守》

【译文】 任用人才却不隐瞒他的功劳，是信任的表现。

（二）

【原典】

任贤勿贰，去邪勿疑。

——春秋《尚书·大禹谟》

【译文】 任用贤人不要有二心，除去奸邪不要总是迟疑。

（三）

【原典】

人主之患，不在乎不言用贤，而在乎诚必用贤。

——（战国）荀况《荀子·致士》

【译文】君主常犯的毛病，不在于他不谈论任用贤人，而在于他不去诚心任用贤人。

（四）

【原典】————————————————————

用人无疑，唯才所宜。

————（西晋）陈寿《三国志·魏书·郭嘉传》

【译文】用人不怀疑，只看他的才能合不合适。

（五）

【原典】————————————————————

付授之柄既专，苟且之心自息。

————（唐）陆贽《论缘边守备适宜状》

【译文】专心对待官员权力的授予，官员得过且过的心理就会平息。

（六）

【原典】————————————————————

去邪勿疑，任贤勿贰，可以兴矣。

————（五代后晋）刘昫《旧唐书·魏徵传》

【译文】除去奸邪不要迟疑，任用贤人没有二心，国家可以兴盛了。

（七）

【原典】————————————————————

凡任人之道，要在不疑，宁可艰于择人，不可轻任而不信。若无贤不肖，一例疑之，则人各心阑①，谁肯办事？

—— （北宋）欧阳修《论任人之体不可疑札子》

【注释】①阑：指栅栏，表示有阻隔。

【译文】任用人的道理，关键在于用人不疑，宁可选择人才时困难一些，也不可以轻易授予官职却不信任他。如果不论有才、无才，一律表示怀疑，每个人的心里都隔了一堵墙，谁还会认真做事呢？

（八）

【原典】

人君选贤才以为股肱①心膂②，当推诚任之。

—— （北宋）司马光《资治通鉴》

司马光《资治通鉴》手稿

【注释】①股肱：大腿、胳膊。

②膂（lǚ）：脊骨。

【译文】君主选拔贤才把他当作自己的大腿臂膀心脏脊骨，应当拿出自己的诚心任用他。

（九）

【原典】————————

以四海之广，不患无贤，而患在信用之不至尔。

———（北宋）包拯《请录用杨纮等》

【译文】凭着四海的广大，不用担心没有贤才，而要忧虑不能相信贤人，并对之委以重任。

（十）

【原典】————————

与其位，勿夺其职；任以事，勿间以言。

———（南宋）陈亮《论开诚之道》

【译文】授予官职，就不要轻易剥夺；委以重任，就不要因为谣言产生隔阂。

【国学常识】

持节云中，何日遣冯唐

古代使者代表君主出使地方，要带上身份"证明信"，这个"证明信"就是"节"。"节"一般用竹子制成，长八尺，顶端用牦牛尾装饰。凡持有节的使臣，就代表皇帝亲临，象征皇帝与国家，可行使权力。汉末、魏晋南北朝时，掌地方军政的官往往加使持节、持节或假节的称号。使持节得诛杀中级以下官吏；持节得杀无官职的人；假节得杀犯军令者。

"持节云中，何日遣冯唐"出自苏轼的《江城子·密州出猎》，云中是地名，在今内蒙古托克托县境内，包括山西省西北部分地区。汉文帝时云中守将魏尚报功时多报了六个人，受到弹劾。汉文帝向老将冯唐咨询处理意见，冯唐给汉文帝讲了战国时期赵王任用李牧的故事。李牧是战国名将，多年一直率领大军抵御匈奴。李牧可以把北地的国家税金截留下来犒赏三军，赵王也从不干涉。君主的绝对信任是大将在外放心征战最有力的保障，所以李牧才能把全部心力都用在对匈奴作战上，使得匈奴多年不敢进犯。李牧连国家的税金都能截流，魏尚只不过虚报了六个人的战功，怎么就至于到了免职抵罪的地步呢？汉文帝即派冯唐持节到云中郡赦免魏尚。苏轼以守卫边疆的魏尚自许，希望得到朝廷的信任，期待手持旌节的朝廷使者到来。

 【国学故事】

齐桓公不疑管仲成霸业

　　齐桓公任用与自己有一箭之仇的管仲为相，并尊其为"仲父"，对管仲言听计从，遭到近侍竖貂和易牙的不满和嫉恨，两人私下时常说管仲的坏话，诋毁管仲。有一天，竖貂和易牙对齐桓公说："自古以来都是国君下命令，臣子奉令执行。现在您对管仲言听计从，管仲说什么，您就做什么，这样下去百姓会只知管仲，不知有您呀！"齐桓公听了马上意识到两人在故意说管仲的坏话，离间他与管仲的关系，不怒反笑道："管仲就像我的手和足，有了手足才是完整的身体，有了管仲才有国君呀！你们这些小人知道什么呀？"二人没料到齐桓公如此坚信不疑管仲，此后再也不敢说管仲的坏话。正是由于齐桓公的信任和保护，管仲得以心无旁骛地实施自己的治国之策，短短几年时间，就使齐国强大起来，成就了齐桓公春秋时期第一霸主的宏图伟业。

【现实启悟】

信任也要监督

北宋政治家、文学家欧阳修说："凡任人之道，要在不疑，宁可艰于择人，不可轻任而不信。若无贤不肖，一例疑之，则人各心阑，谁肯办事？"典型地代表了传统文化"用人不疑，疑人不用"的观点，也就是说对真正的人才，一旦经过慎重地考察认定，决定任用之后，就要全面地、无条件地信任，合理放权，既用之则信之，这样才能最大限度地激发人才干事创业的热情和活力。但是信任并不等于放之任之，完全无条件地盲信、盲从。

王岐山同志在中纪委五次全会上强调，信任不能代替监督，监督更不能流于形式。党的十八大以来查出的不少腐败分子，很多都是由小贪变为大贪的，如果多一点"用人要疑，疑人可用"的思路，既信任又监督，加强平时监管，可能会使部分人想贪而不敢贪，一定程度上减少贪腐案件的发生。将"信任不能代替监督"的理念，贯彻到深化用人制度改革的全过程，既信之用之，又用之管之，用制度约束，用监督督促，如此方能真正地用好人。

三、用人不求全

（一）

【原典】

君子易事而难说也：说之不以道，不说也；及其使人也，器①之。小人难事而易说也：说之虽不以道，说也；及其使人也，求备②焉。

——春秋《论语·子路》

【注释】①器：器具。器具对人的作用各有不同，要针对自己的需要选择合适的器具。

②备：完备。

【译文】君子认为做事容易而说出自己的成绩却不容易：即使说却不能按照自己的方法说出来，也还是不说；等君子使用人才时，就把人才当作器具各取所需。小人认为做事困难而说出来却容易：说的时候即使不符合道义也要说；等小人使用人才时，要求人才各方面的才能都要具备。

（二）

【原典】

天地无全功，圣人无全能，万物无全用。

——（战国）列御寇《列子·天瑞》

【译文】天地之间没有完美无缺的事物，圣人也不可能全知全能，万物不会适用于所有的事情。

（三）

【原典】

尺^①有所短，寸有所长。

——（西汉）司马迁《史记·王翦列传》

【注释】①尺：尺是比较长的长度单位，寸是比较小的长度单位，一尺等于十寸。

【译文】尺虽比寸长，但也有它的短处，寸虽比尺短，但也有它的长处。

（四）

【原典】

泰山不让^①土壤，故能成其大；河海不择细流，故能就^②其深；王者不却^③众庶，故能明其德。

——（西汉）司马迁《史记·李斯列传》

【注释】①让：推辞。
②就：成就。
③却：推托。

【译文】泰山不排除细小的土石，所以能成就它的高；河海不舍弃小的河流，所以能成就它的深；天子不摒弃众人，所以能成就他的德。

（五）

【原典】

干将、莫耶，天下之利剑也，水断鹄雁，陆断马牛，将以补履，曾不如一钱之锥。

——（西汉）东方朔《答骠骑难》

【译文】 干将、莫耶是天下有名的利剑，在水中可以斩掉鸿雁，在陆地上可以斩断马牛。如果用它来补鞋，竟然还不如只值一文钱的锥子。

（六）

【原典】

量才而授者，不求功于器外；揆①能而受者，不负责于力尽。

——（东晋）葛洪《抱朴子·博喻》

【注释】 ①揆（kuí）：揣度。

【译文】 估量才能授任官职，不求助于别的器具；揣度自身能力而接受职责，不背负自身能力以外的责任。

（七）

【原典】

势门上品，犹当格以清谈；英俊下僚，不可限以位貌。

——（唐）姚思廉《梁书·王暕传》

【译文】 高品豪门，还应当通过清谈来衡量；下品英才，不可以用地位相貌约束。

（八）

【原典】

拣金于砂砾，岂为类贱而不收？度木于涧松，宁以地卑而见弃？

——（唐）白居易《得州府贡士，或市井之子孙，为省司所诘，申称：群萃之秀出者，不合限以常科》

【译文】 从沙砾中拣出金子，哪能因为它和不值钱的沙砾待在一起就不要？到山涧下去选择松木，哪能因为它长在地势低的地方就舍弃？

（九）

【原典】

人之才行，自昔罕全。苟有所长，必有所短。若录长补短，则天下无不用之人；责短舍长，则天下无不弃之士。

——（唐）陆贽《请许台省长官举荐属吏状》

【译文】 人的才能、品性，自古以来少有完备的。如果有长处，一定会有短处。如果用他的长处来弥补短处，那么天下没有不可任用的人才；只指责他的短处而舍弃长处，那么天下就没有不可舍弃的人才。

（十）

【原典】

物无全材，适用为可。材无弃用，择可惟长。故一目之人，可使视隼^①。五毒之石^②，可使溃疡。

——（明）刘基《拟连珠》

【注释】①隼：鹰的一种，飞翔迅速。

②五毒之石：五种有毒的药，指石胆、丹砂、雄黄、礜石、磁石。

【译文】事物没有功能完备的，只要适用就可以了。木材没有完全需要丢掉的，选择可以继续使用的部分才是正确的。所以一只眼睛的人，可以让他瞭望天空的鹰隼。五种作为毒药的石头，可以除去皮肤表面坏死的创伤。

【国学常识】

魏晋时代独特的文人集团

汉朝时期，黄巾起义动摇了皇室的政治、经济基础，也摧毁了

《竹林七贤与荣启期》模印画像砖

维持统治的礼乐教化。魏晋时期的知识分子胸中怀有报国的志向但皇室衰微。割据势力强大，也招揽人才，但毕竟不是王朝正统。他们意图隐迹山林，飘然而去，也为豪强不许，于是特殊的年代就出现了一个特殊的人才群体"竹林七贤"。

"竹林七贤"指的是三国时期曹魏正始年间（240—249）的陈留阮籍、谯国嵇康、河内山涛、沛国刘伶、陈留阮咸、河内向秀、琅琊王戎七人常集于竹林之下，酣畅肆意、使酒任性，世称"竹林七贤"，是魏晋时期玄学代表人物。竹林七贤的作品基本上秉承了建安文学的精神，手法上喜欢采用比兴、象征、神话等手法，将自己的思想感情隐晦曲折地表达出来。阮籍创作的《咏怀》诗八十二首，用比兴、寄托的表现手法揭露了最高统治集团的罪恶，借以排遣自己在政治高压下的苦闷情绪。嵇康的代表作《与山巨源绝交书》，用老庄道法自然的精神说明了自己厌倦仕途的情操。其他如刘伶的《酒德颂》，向秀的《思旧赋》等，也都颇负盛名。特殊时期很快就会过去，必然会有一个强有力的王朝取代动荡积弱，西晋政权成立了，"竹林七贤"本来就不紧凑的集体必然也要走向瓦解，嵇康、阮籍、刘伶拒绝出仕，坚决不与司马氏政权合作，被司马氏所不容，嵇康因此被杀；山涛、王戎等则投靠司马氏，历仕高官。

【国学故事】

孔伋荐苟变

《资治通鉴·周纪》记载了"孔伋荐苟变"的故事。孔伋，字子思，是孔子的孙子，曾在卫国的国君卫慎公手下做事。卫国国君急需招揽贤才，子思便向他推荐苟变，说道："他具有将帅之才，能指挥千军万马，国君可以一用。"卫君说道："我久闻他的大名，知道他是个将才。但我也听说他在做地方官吏时，趁着征税之便吃了老百姓两个鸡蛋，因此我不打算用他。"子思说："高明的木匠选用木材，用它的长处，舍弃它的短处，一根合抱的好木材，即使有了几尺腐烂之处，木匠也不会放弃不用的。英明的君主选拔人才，就跟木匠选木材是一个道理。现在天下战乱、诸侯争霸，正是用人之际，您因为两个鸡蛋就放弃一员大将，这话可不能让邻国知道啊！"卫君听完赶紧作揖说道："您的这番话真是让我受教啊！"于是重用了苟变，后来苟变成为战国时有名的将领。

【现实启悟】

用人宜观大节略小故

俗话说，金无足赤，人无完人。每个人都是长处和短处、优点和缺点的统一体，这是客观现实。圣人都有缺点，何况常人乎？人才虽然是较为优秀出众的人，但优秀不等于完美无缺。如果用过于挑剔的眼光来审视人才、用完美苛刻的标准来要求人才，那么可能会只盯着短处、缺点看，"一叶障目，不见泰山"，看不到人才的主流和优点。因此"求全责备"貌似严格，实则会因瑕掩瑜、责短舍长，终无可用之人。毛泽东同志读《资治通鉴》，当读到关于法正的记载时批注："观人观大节，略小故。"1975 年 10 月 16 日在《学部老知识分子出席国庆招待会的反映》材料上，毛泽东同志批示：打破"金要足赤""人要完人"的形而上学错误思想。明确反对求全责备，不要求"完人"和"全才"。

用人不求全责备，并不意味着降低标准和要求，"降格"录用人才，而是从关心爱护人才的角度出发，合理使用人才，这就需要领导干部有开阔的胸襟和容人的品德，真诚地爱惜人才、客观地评价人才、大度地包容人才，取大节略小过，看本质、看主流、看发展；对人才的缺点和瑕疵，也不能放任不管，应顺势利导，帮助教育，以补足短板。

四、用人之长，补其所短

（一）

【原典】

任人之长，不强其短，任人之工，不强其拙。

——（春秋）晏婴《晏子春秋·内篇·问上》

【译文】任用人才要发挥他的长处，而不是勉强使用短处，发扬人擅长的才能，而不勉强任用他不擅长的才能。

（二）

【原典】

有大略者不可责以捷巧，有小智者不可任以大功。人有其才，物有其形，有任一而太重，或任百而尚轻。

——（西汉）刘安《淮南子·主术》

【译文】拥有雄才大略的人不能要求他敏捷巧智，有小智慧的人不能用他去做大事立功。人都有自己擅长的才能，万物都有自己独有的外形，有人担任一个职责就会感觉太重，也有人担任了上百个职位还觉得很轻。

（三）

【原典】

因①其材以取之，审其能以任之，用其所长，掩其所短。

—— （唐）吴兢《贞观政要·择官》

【注释】①因：根据、依据。

【译文】根据人的才能来选拔人才，明确他的才能授任官职，发挥他的长处，掩盖他的短处。

（四）

【原典】

贞观之初，求贤如渴，善人所举，信而任之，取其所长，恒恐不及。

—— （唐）吴兢《贞观政要·慎终》

【译文】贞观初年，寻访贤人就像饥渴的人寻找水源一样。有道德的人举荐的人才，都信任并且任用他，只需要发挥出他的长处，这样还经常害怕人才不够用。

（五）

【原典】

人才异能，备体者寡。器有大小，达有早晚。

—— （唐）房玄龄等《晋书·刘毅传》

【译文】每个人的才能有差异，具备各方面才能的人很少。器具还有大小，只要有才能，仕途畅达是早晚的事。

（六）

【原典】

登明①选公，杂进巧拙，纤余②为妍，卓荦③为杰，校短量长，惟器是适者，宰相之方也。

—— （唐）韩愈《进学解》

【注释】①登明：选拔贤明。

②纤余：人有才气，从容不迫。

③卓荦（luò）：超绝出众。

【译文】晋用贤明，选拔公正，机巧者与愚拙者都能引进，有才气，从容大方作为美好的典范，卓越突出成为俊杰的标准，核算长处与短处，只要适用就是合适，这是宰相的道理。

（七）

【原典】

圣人之官人，犹匠之用木也，取其所长，弃其所短，故杞梓连抱而有数尺之朽，良工不弃。

—— （北宋）司马光《资治通鉴》

【译文】圣主选用人才就如同木匠使用木材，选取他的长处，舍弃他的短处，所以杞树、梓树几个人拉起手都抱不过来，即使树身上有几尺腐朽了，好的木匠也不会完全舍弃不用。

（八）

【原典】

人不可以求备，必舍其所短，取其所长。

—— （北宋）司马光《资治通鉴》

【译文】任用人才不能要求每个人都是全才，一定要舍弃他的短处，只取用他的长处。

（九）

【原典】

人才各有所长，不可偏弃。

——（元）脱脱等《宋史·任谅传》

【译文】每个人的才能各有所长，不可以因为他只擅长某一种才能而放弃人才。

（十）

【原典】

人才之能，自非圣贤，有所长必有所短，有所明必有所蔽。

——（明）王守仁《陈言边务疏》

【译文】人所具备的才能，不像圣贤那么完备，而是有长处就有短处，有表面凸显的也有暗中隐含的。

【国学常识】

汉代的畿辅

王勃《送杜少府之任蜀州》写道："城阙辅三秦，风烟望五津。"三秦即是三辅，本指西汉武帝至东汉末年（前104—220）期间，治理长安京畿地区的三个职位：京兆尹、左冯翊、右扶风，同时指这三位官员管辖的地区，相当于今陕西中部。"辅"本来是卫护的意思，后来可以指卫护京畿的地方。汉景帝二年（前155年）内史分为左、右内史，与主爵中尉（后改为主爵都尉）共同管理长安城，所辖皆京畿之地，故合称"三辅"。隋唐以后简称"辅"。东汉末年至魏初，京兆改置京兆郡，左冯翊改置冯翊郡，右扶风改为扶风郡，长官均改为郡太守。后来行政区分划虽时有更改，但直至唐代，人们在习惯上仍称这一地区为"三辅"。

【国学故事】

魏元忠以盗治盗

魏元忠是唐代著名的政治家，他才华出众，两次为相，历仕高宗、武后、中宗三朝。唐高宗时，魏元忠任监察御史，有一次高宗要到洛阳视察工作，令魏元忠负责安全保卫。当时关中一带正在闹饥荒，盗贼四起，匪患横行，路上很不安全。魏元忠殚精竭虑，整日里思考怎样才能保护好皇帝的出行安全。这天，他来到了赤县（唐朝京都所管的一个县）的一所监狱巡视，让狱官帮他挑选一名精明有本事的强盗。连看了几个人，魏元忠都不满意。突然，他发现有一名囚犯相貌堂堂、言行举止都不同于一般犯人。魏元忠让人把他身上的枷锁去掉，换了一身衣服，做自己的随身侍从，每天都和他吃住在一起，并以礼相待。囚犯非常感激，对魏元忠忠心耿耿。见时机成熟，魏元忠请求他协助自己防范强盗、保护皇帝出行安全，囚犯痛快答应。因熟

魏元忠像

知盗贼出没活动规律，囚犯提出了很多针对性的措施，非常奏效，等到皇帝出巡路过时，跟随的上万人马，竟连一文钱也没有损失，不能不说是个奇迹。这就是魏元忠以盗治盗的故事。明代冯梦龙评论说："因材任能，盗皆作使。俗儒以'鸡鸣狗盗之雄'笑田文，不知尔时舍鸡鸣狗盗都用不着也。"

 【现实启悟】

善用人之长

"骏马能历险，犁田不如牛。坚车能载重，渡河不如舟。舍长以就短，智者难为谋。生才贵适用，慎勿多苛求。""尺有所短，寸有所长"，讲的都是物各有长处，也各有短处，但都有可取之处。人亦如此，看人如果只看短处，则无一人可用；如果善于发现人的长处，则有用不完的人才，所以用人的关键在于如何把长处用好，把短处避开，"任人之长，不强其短；任人之工，不强其拙"。如此方能充分发挥人的内在潜力。

善于用人之长，《水浒传》中的宋江可谓深谙此道。梁山108位好汉，来历极其复杂，不仅有下级军官，还有地主、强盗等，能力高下不等，宋江却能根据每个人的性格和特长，安排给予合适的职位，实在不易。比如"智多星"吴用足智多谋、便管谋划，"神行太保"戴宗日行千里、专管情报，"扑天雕"李应出身财主善于理财、则管财务，包括五虎上将、各路头领的安排，等等，都是用尽了心思，充分考虑到了每个人的特长，真正做到了人尽其才，才尽其用，不妨总结和学习一下。用人所长，补其所短，趋利避害，使每一个人的长处得到发展，短处得到克服，这正是善于用人之道，若能做到如此，则事业可成。

五、官在得人，各当其任

（一）

【原典】

推贤让能，庶①官乃和，不和政厖②。举能其官，惟尔之能。称③匪④其人，惟尔不任。

——春秋《尚书·周官》

【注释】①庶：众、多。

②厖（máng）：纷乱。

③称：引荐。

④匪：通"非"，不是。

【译文】推举贤才，谦让能士，众多官员才能和谐，官员不和谐政治就会混乱。举荐的官吏称职，说明你有才能；引荐的官吏不称职，那你就不能胜任。

（二）

【原典】

明主度①量人力之所能为，而后使焉。故令于人之所能为，则令行；使于人之所能为，则事成。

——（春秋）管仲《管子·形势解》

【注释】①度（duó）：估量、计算。

【译文】圣明的君主估量一个人的能力大小，然后才任用他。所以给他下达他能够完成的命令，命令就能执行；指使他去完成他能够完成的事务，事情就能完成。

（三）

【原典】

君之所审者三：一曰德不当其位，二曰功不当其禄，三曰能不当其官。此三本者，治乱之原也。故国有德义未明于朝者，则不可加于尊位；功力未见于国者，则不可授与重禄；临事不信于民者，则不可使任大官。

——（春秋）管仲《管子·立政》

【译文】君主必须清楚的三件事：一是德行与官位不符；二是功劳与俸禄不符；三是才能与官位不符。这三件事是国家混乱的根源。所以国家对于在朝中任职但对其德义不了解的，就不能授予他高位；功效没有表现在国家大事上的，不可以给予厚禄；面临大事却不能取信于民的，不可以使他就任大官。

（四）

【原典】

子言卫灵公之无道也，康子曰："夫如是，奚而不丧？"孔子曰："仲叔圉①治宾客，祝鮀②治宗庙，王孙贾③治军旅。夫如是，奚其丧？"

——春秋《论语·宪问》

【注释】①仲叔圉（yǔ）：卫国大夫，聪明好学，死后谥号为"文"，孔子曾经称赞他。

②祝鮀（tuó）：字子鱼，卫国大夫，有口才，能言善辩。

③王孙贾（gǔ）：春秋时卫国大夫。

【译文】孔子谈到卫灵公治国无道，康子说："既然这样，为什么卫国还不灭亡呢？"孔子说："卫国有仲叔圉处理外交问题，有祝鮀管理宗庙祭祀事务，有王孙贾管理军队问题。像这样，卫国怎么会亡国呢？"

（五）

【原典】

德薄而位尊，知小而谋大，力小而任重，鲜不及矣。

——战国《周易·系辞下》

【译文】道德浅薄却地位尊贵，智慧微弱却图谋甚大，力量弱小却负担沉重，很少能达到目标。

（六）

【原典】

良弓难张，然可以及高入深；良马难乘，然可以任重致远；良才难令，然可以致君见尊。

—— （战国）墨翟《墨子·亲士》

【译文】强弓难以打开，却可以射高入深；好马拉的车难于乘坐，却可以负重致远；良才难以驱使，却可以使君主更加受人尊敬。

（七）

【原典】

以德就列，以官服事，以劳殿赏，量功而分禄。

—— （战国）墨翟《墨子·尚贤上》

【译文】 按照德行分配官职，按照官职授予做事的权力，根据功劳确定评赏，估算功绩分发俸禄。

（八）

【原典】

仁者用其仁，智者用其智，武将任其勇，文职尽其智。

—— （三国魏）曹操《曹操集》

【译文】 仁义的人就任用他的仁义，智慧的人就任用他的智慧，武将就任用他的勇武，文官就任用他的智慧。

（九）

【原典】

善用人者，使能方者为方，能圆者为圆，各任其所能，人安其性。

—— （西晋）郭象《庄子·胠箧》

【译文】 善于用人的人，能使方的去方，能使圆的去圆，各自得以发挥自身的才能，人得以安定其本性。

（十）

【原典】

任有大小，惟其所能，若器皿焉。

—— （唐）韩愈《圬①者王承福传》

【注释】 ①圬（wū）：粉刷。

【译文】职责有大小，只看你的才能能否胜任，就好像用器皿盛放东西一样。

<h2 style="text-align:center">（十一）</h2>

【原典】

人之才德，高下厚薄不同，其所任有宜有不宜。先王知其如此，故知农者以为后稷①，知工者以为共工②。其德厚而才高者以为之长，德薄而才下者以为之佐属。

——（北宋）王安石《上仁宗皇帝万言书》

【注释】①后稷：古代农官名。

②共（gōng）工：共，后来写作"供"，供职。工，百工，各种工匠。

【译文】每个人才能的多少、品德的高下都不一样，对他们进行委任也应该有合适不合适之分。先王知道这个道理，所以懂得农业的任命他为后稷，懂得百工的就任命他做共工。德行深厚而且才能出众的成为长者，德行浅薄才能低下的成为下属。

 【国学常识】

<h2 style="text-align:center">"三公"与"九卿"</h2>

先秦到秦汉的职官体系主体是三公九卿制。夏朝时期已经有了"三公""九卿"的说法，据先秦《礼记》记载："夏后氏官百，天子有三公、九卿、二十七大夫、八十一元士。"周代的"三公六卿"，以辅佐皇帝的"太师""太保""太傅"为三公，以总管军政的"冢宰"、负责军务的"司马"、分管刑罚的"司寇"、负责工程的"司空"、负责民政的"司徒"、负责礼仪的"宗伯"为六卿。秦始皇统一六国后，听从丞相李斯的建议，建立了以"皇帝"为尊，

秦朝设立的三公九卿制示意图

以"三公九卿"中央官僚体系的中央集权制。"三公"分别是："丞相""太尉""御史大夫"。"九卿"分别是："奉常""郎中令""卫尉""太仆""廷尉""典客""宗正""治粟内史""少府"。汉代基本沿用"三公九卿"的职官构架，官职的具体名称有些许变化，职权基本变化不大。"丞相"改称"大司徒"，"太尉"改称"大司马"，"御史大夫"改称"大司空"，"奉常"改称"太常"，"廷尉"变为"大理"，"典客"成了"大鸿胪"，"治粟内史"变为"大司农"等。

【国学故事】

唐太宗论"官在得人"

贞观元年（627年），刚刚执政的李世民面临的第一个棘手问题就是如何处理父亲李渊留下的庞大的官僚机构与冗官的问题。经过一段时间的深思熟虑之后，一天，唐太宗与房玄龄等大臣就此问题展开讨论，他说："治理国家的根本在于审察。授予官员职务，一定要衡量人的能力大小来安排，官员在精，不在人多，因此一定要精减官员人数。所以《尚书》说：'任官惟贤才。'又说：'官不必备，惟其人。'如果用对了人，尽管官员不多也可以治理好天下；如果用的人不对，即使再多又有什么用呢？滥竽充数的官员，如同画地作饼一样不能充饥。《诗经》里说：'参谋的人如果多了，决策的时候反而不知所从。'孔子也说：'官员一人一职而不兼任，官吏怎么会精简呢？'又说：'一千只羊的皮，也不如一只狐狸的毛。'这类至理名言多如繁星，都被记录下来载入史册，流传至今。当务之急应该审查官吏，让他们都能最大程度地发挥各自才能，那么国家就可以无为而治了。你们应当认真思考这其中的道理，衡量决定众官人数的多少。"房玄龄等人于是经过认真核实后，将文武官员的编制定为640人，唐太宗同意了，并对房玄龄说："从今以后，如果谁在音乐、杂艺等方面有特长，技艺确实超群的，只可以赏赐他们钱财丝帛，绝不可以授予他们官职，避免他们与朝中贤良的大臣平起平坐，同桌而食，让官员大臣引以为耻。"

【现实启悟】

干部队伍"瘦身"势在必行

近年来，各地干部超职数配备的现象屡见不鲜。据《法制日报》

报道，在 2014 年已经结束的两轮中央巡视工作中，被巡视的 20 个地区单位普遍存在选人用人问题，其中，干部超编超配问题最为突出。江西、湖南、山西等省都存在较为严重的超编制配备干部问题。从国家部委到各地数以百万计的事业单位，这样的"超职超编怪圈"普遍存在。

官在得人，不在于多，而在于精。精官简政、给干部"瘦身"，已经到了非简不行、非精不行的地步。从根本上解决这一问题，关键是要建立起公正、公平的人事制度。党的十八大以来，党中央新修订了《党政领导干部选拔任用工作条例》，为选准用好党政领导干部提供了制度保证。要严把选人关，用好作风、好制度选出好干部。要建立完善相应的法律规范，从法律层面规范明确各级党政机关和事业单位领导的职数，具体执行中要严格遵守，决不能随意配备。要建立完善相关的责任追究制度，将干部职数管理列入绩效考核内容，对超职超编配备干部一查到底，无论哪一个环节出了问题，都要追究责任人的相关责任。如此多措并举、多管齐下，用刚性制度约束整治干部超编问题，将那些"为官不为"者、庸政懒政者果断精减掉，宁缺毋滥，庞大的行政机关才能"消肿"和"瘦身"，我们的干部队伍才能永葆健康和活力。

第七篇

聚才励才

　　如何留住人才、凝聚人心，最大限度地激发人才的潜能，需要高超的留才艺术和激励艺术。古代君主、将帅在这方面有很多成功的经验。要留住人才，首先要有仁爱之心，发自内心地爱惜人才、尊重人才、视若珍宝，得之则喜、失之则忧。其次还要礼贤下士，以诚相待、以礼相待，"先王之索贤人，无不以也。极卑极贱，极远极劳""治国者务尽卑谦以致贤"，一旦拿出周公"一沐三捉发，一饭三吐哺"的精神，就会"天下归心"。

　　人的才能和潜力需要不断地激发，激励人才也是一门学问，激发的手段也是多种多样，应甄别对待因人而异。赏识赞美和批评责备是两种有效的激励方法。当人才表现出色、作出贡献时，一定要不吝褒奖，及时地赞美和表扬，会使人更加奋进。爱之深责之切，批评也是一种爱护和激励。当人才工作中出现失误和纰漏，也不能纵容包庇，要适当给予批评，或委婉和煦，或急风暴雨，一切以补足缺漏为目的，使类似错误不再发生。

　　要凝聚人才，还要为人才提供成长进步的空间，给其施展才能的平台。尧帝把天下委任给舜，而舜又委派大禹去治水、后稷负责农业、契掌管教育、皋陶负责法律，所以孟子赞美他说："君哉舜也！巍巍乎有天下而不与焉！"领导干部要善于职场"留白"，学会适当放权，把握原则与导向，不过多干涉具体事务，给人才以发挥自身才干的空间，如此就能上下一心、各司其职、各尽其才。

一、以仁爱之心聚才

（一）

【原典】

君子尊贤而容众，嘉善而矜不能。

——春秋《论语·子张》

【译文】君子尊重贤才也能容纳普通人，嘉奖有道德的人也怜悯没有能力的人。

（二）

【原典】

利于国者爱之，害于国者恶之，故明所爱而贤良众，明所恶而邪僻灭。

——（春秋）晏婴《晏子春秋·内篇·谏上》

【译文】有利于国家的事就要热心地去做，对国家有害的事就要憎恶它、远离它。所以知道了喜爱的对象，贤良的人就多了；明确了厌恶的对象，邪恶的人就会灭亡。

（三）

【原典】

视卒如婴儿，故可与之赴深溪；视卒如爱子，故可与之俱死。厚而不能使，爱而不能令，乱而不能治，譬若骄子，不可用也。

——（春秋）孙武《孙子兵法·地形篇》

【译文】看待士卒就像看待婴儿一样，所以可以和他们一起奔赴深溪；看待士卒犹如自己喜爱的儿子，所以可以与他们一起奔赴死亡；厚待士卒却不加以任用，喜爱士卒却不能命令，士卒混乱却不能控制，就好像骄傲的孩子一样不可任用。

（四）

【原典】

仁言，不如仁声之入人深也，善政，不如善教之得民也。善政，民畏之；善教，民爱之。善政得民财，善教得民心。

——（战国）孟轲《孟子·尽心上》

【译文】仁义的言语不如仁义的声望能够深入人心，好的治理不如好的教化能够得到百姓的拥护。好的政治百姓畏惧它，好的教化百姓喜爱它，好的治理能从百姓那里收获更多的资财，好的教化可以收获民心。

（五）

【原典】

敬贤如大宾①，爱民如赤子②。

——（东汉）班固《汉书·路温舒传》

【注释】①大宾：对来朝见的诸侯的尊称。

②赤子：赤通"尺"，一尺长的婴儿称赤子。

【译文】尊敬贤人就像尊敬国宾一样，爱护百姓就像爱护婴儿一样。

（六）

【原典】

珠玉无胫①而自至者，以人好之也，况贤者之有足乎。

—— （东汉）孔融《与曹操论盛孝章书》

【注释】①胫（jìng）：小腿。

【译文】珍珠宝玉没有腿却能来到人的身边，是因为人们喜欢，更何况贤人还是有脚的。

（七）

【原典】

古之善将者，养人如养己子，有难则以身先之，有功则以身后之；伤者，泣而抚之；死者，哀而葬之；饥者，舍食而食①之；寒者，解衣而衣②之；智者，礼而禄之；勇者，赏而劝③之。将能如此，所向必捷矣。

—— （三国蜀）诸葛亮《将苑·哀死》

【注释】①食（sì）：使吃食物。

②衣（yì）：使穿衣。

③劝：鼓励。

【译文】古代善于带兵的人，养护士兵就像养护自己的儿子，有危难自己身先士卒，有功劳就退在最后；对受伤的士兵，哭泣着安抚他；阵亡者，哀号着埋葬他；饥饿的人，省下自己的食物给他吃；

寒冷的人，解下自己的衣服给他穿；有智慧的人，对他礼遇给他厚禄；勇敢的人，奖赏他鼓励他。将军能做到这些，就能所向披靡战无不胜。

（八）

【原典】

爱人多容，可以得众。

——（西晋）陈寿《三国志·吴书·孙皓传》

【译文】爱护贤才，容纳普通人，可以得到众多百姓的支持。

（九）

【原典】

夫天之育物，犹君之御众。天以寒暑为德，君以仁爱为心。

——（唐）李世民《帝范·赏罚》

【译文】上天养育万物，如同君主驾驭庶民。天以寒来暑往为规律，君以仁者爱人为本心。

（十）

【原典】

人才那得如金铜，长在泥沙不速朽。愿公爱士如爱尊，毋使埋渣嗟不偶。

——（清）袁枚《商丁孙尊歌为秦将军作》

【译文】人才怎么才能像金、铜这些金属一样，掩埋在泥土之中也不会朽烂呢？希望你爱护人才像爱护你的父母一样，不要像废渣一样弃之不理。

【国学常识】

投身绝域边塞的盛唐士子

梦回大唐，芳华绝代。盛唐时期是众多士子魂牵梦萦的黄金时代。盛唐时期，国家空前统一强大，是当时世界上最强大的封建帝国。国家经济日益繁荣，政治、经济、交通、外交、文化、艺术都达到了封建社会的巅峰。

国家各方面的高度发展使得士子文人思想境界宏阔、激昂奋进。有一部分文人的目光关注到了边塞，投身军旅，戎马倥偬，为大唐盛世添写了新的华章。当年东汉的班超投笔从戎，是因为厌倦了整天抄抄写写的文案工作才毅然从军，但盛唐文人从一开始就有着立功绝域、开疆拓土的思想，态度是积极的、行为是主动的。

由于国家疆域广阔，这些文人在游宦过程中往往行走边疆，投身到边疆将领的幕府中去，岑参、高适、李颀都走了差不多相同的道路，连王维这样的山水田园诗人也有"大漠孤烟直，长河落日圆""风劲角弓鸣，将军猎渭城"这样反映边塞风光的诗篇。盛唐文人们身处边疆，感受战争的残酷和环境的恶劣，写出了"黄金百战穿金甲""将士军前半死生""大雪满弓刀"的壮阔人生，也有绝域立功、报效国家的豪情和决心，写出了"不斩楼兰终不还""汉兵不顾身""死节从来岂顾勋"的豪迈气概。作品的整体风格雄浑、磅礴、豪放、悲壮，但无论谁的作品都透露出一种精神，即在大唐帝国的绝对力量面前任何敌人都不能成为真正的对手、不能成为国家的威胁。

【国学故事】

珍惜人才的一代天骄

苏联东方学专家符拉基米尔佐夫写过一本《成吉思汗传》，在书中他写道："归顺在成吉思汗麾下的契丹人、女真人和汉人，不论将领、高官还是兵士，都能蒙受到优厚待遇，同时他们也愿意为他奔走效劳。"每次战役之前，成吉思汗都要督促大家做好一切准备工作，避免无谓的伤亡。在战场上他从不遗弃任何一名士兵，十人队中，一个士兵受伤或被俘，其他人不去救援都要被处死。逢有将士受伤，他常常"亲付以善药，留处帐中"。他认为士兵是自己得力的助手，将他们誉作"神箭手""伶俐的鸟儿"，衷心地爱护他们。者别（《射雕英雄传》中写作"哲别"）本来是泰赤乌部的战将，曾经差点儿射死成吉思汗，可是成吉思汗嘉赏他的忠心，任命他做十夫长，者别不负所望，转战南北，战功卓著，从十夫长到千夫长，累功迁至万夫长，最后成为蒙古草原第一猛将。1215年，蒙古铁骑攻占燕京，耶律楚材被俘。成吉思汗对他恩宠有加，耶律楚材为报成

成吉思汗统一漠北图

吉思汗的知遇之恩，随同蒙古大军西征、征西夏，屡立奇功，对蒙古的发展产生至关重要的影响。

观成吉思汗一生，大战役打过六十多场，小战役更是多得数不清，但他从未败过，不能不说是千古奇迹，这固然与他"深沉有大略，用兵如神"（语出《元史太祖纪》）有关，也与他驭下情同手足、珍爱将士有莫大关系。成吉思汗对将士发自肺腑的爱护，这种

真心的爱护外化为强大的战斗力，将士们驰骋疆场无不奋勇争先而无后顾之忧，最终成就了成吉思汗"一代天骄"的盛名。

 【现实启悟】

以"人"为本，真情聚才

眼下，不少地区花重金、费大劲将人才挖掘出来，但却没有很好的措施将人才成功留下。主要表现在高层次人才"留不住"、基层人才"用不长"，人才流失和浪费现象严重。俗话说："栽下梧桐树，招来金凤凰。"聚才、留才大有学问。

聚才留才要以真情关怀人、以真诚打动人，注重人文关怀。要关心他们的生活工作，切实解决好后顾之忧。苏轼说："君子之仕也……饮食必丰，车服必安，宫室必壮，使令之人必给，则人轻去其家而重去其国。"意思是说君子进入仕途，要使饮食丰足，衣行安定，住房坚固，有必要的仆人，这样君子就没有了后顾之忧，就能一心为国家效力。此话确实很有道理，要力所能及提供高标准的服务保障，切实解决人才生活工作中遇到的困难和问题，让人才安心干事创业。

聚才留才还要发展"软环境"，用一流的发展环境来吸引和留住人才。深圳市南山区185平方公里的土地上汇聚了全深圳市80%以上的高层次人才，包括6名院士、64名中央"千人计划"专家、几万名博士和海归人才。舒适的工作环境、良好的科研环境、便捷的生活环境，使得南山区吸引众多人才前来安家。着力为各类人才事业发展提供良好的平台和广阔的舞台，让人才有实现价值的空间。这是南山区成功留住人才带给我们的启示。

二、礼贤下士则群贤毕至

（一）

【原典】

将大有为之君，必有所不召之臣；欲有谋焉，则就之。

——（战国）孟轲《孟子·公孙丑下》

【译文】将要大有作为的君主一定有不能召唤的臣属。想与他一起谋划大事，就要到他那里去。

（二）

【原典】

先王之索贤人无不以也，极卑极贱，极远极劳。

——（战国）吕不韦《吕氏春秋·求人》

【译文】先王寻求贤才没有什么人才是不任用的，地位极其卑贱的，住处极其遥远的、生活极其困苦的都得以任用。

（三）

【原典】

礼下贤者，日中不暇食以待士，士以此多归之。

——（西汉）司马迁《史记·周本纪》

【译文】周公礼遇贤者屈居贤人之下，到中午时为了等待贤士都没有时间吃饭，因此士人都愿意归附他。

（四）

【原典】

一沐三捉发，一饭三吐哺，起以待士，犹恐失天下之贤人。

——（西汉）司马迁《史记·鲁周公世家》

【译文】洗一次头要几次握住湿头发跑出去，吃一顿饭要几次吐出咀嚼的食物，周公站起来接见前来拜访的贤人，即使这样仍然害怕失去人才。

（五）

【原典】

周公旦白屋之士①所下者七十人，而天下之士皆至；晏子所与同衣食者百人，而天下之士亦至；仲尼修道行，理文章②，而天下之士亦至矣。

——（西汉）刘向《说苑·尊贤》

【注释】①白屋之士：贫困的士人。贫民住房不能彩绘，故称白屋。

②文章：礼乐制度。

【译文】周公旦礼遇的贫困士人不过七十人，可是天下的士人都来到他的身边；和晏子一起生活的士人不过百人，可是天下的士人也都到他身边来了；孔子修养生性，研究学问，而天下的有识之士也都到他这里来了。

（六）

【原典】

求贤如饥渴，受谏而不厌。

——（西晋）陈寿《三国志·吴书·张纮传》

【译文】 访求贤人就像饥渴的人渴望得到食物和水一样，君主接受进谏也不能满足。

（七）

【原典】

礼贤下士，圣人垂训。

——（南朝齐）沈约《宋书·汉夏文献王义恭传》

【译文】 礼遇贤才，屈就士人，是圣人留下来的训教。

（八）

【原典】

敬一贤则众贤悦，诛一恶则众恶惧。

——（唐）魏徵等《群书治要·体论》

【译文】 尊敬一位贤人那么许多贤人就会高兴，批评一个恶人那么许多恶人就会害怕。

（九）

【原典】

三顾频烦天下计，两朝开济老臣心。

——（唐）杜甫《蜀相》

【译文】刘备三顾茅庐与诸葛亮频繁讨论平定天下的大计，诸葛亮辅佐先主刘备、后主刘禅两朝，体现了一个老臣的耿耿忠心。

【国学常识】

明清的"贡生"与"贡士"

明清时代，各府、州、县从生员（秀才）中挑选成绩优异者，送入京城的国子监读书，被挑中的这些生员被称为"贡生"，也就是向皇帝进荐的人才。贡生制度开始于元代，明清时期逐渐完善，贡

《清代待试图》，描绘了清代考生等待进入考场的情景

生来源也逐渐扩大。明代贡生有四种，即"岁贡""选贡""恩贡""纳贡"。清代贡生有六种："岁贡""恩贡""优贡""例贡""拔贡"和"副贡"。清代贡生也称"明经"。

明清科举制度规定考试程序为三级，中间一级考试为会试，会试考中者称"贡士"。会试三年一科，在乡试次年，即辰、戌、丑、

未之年春二月举行，因之称为"春闱"；考试地点设在京城，由礼部全权负责，所以也称作"礼闱"。会试考中第一名者，特称"会元"。会试取为贡士即可参加殿试。"贡士"经过殿试录取者为"进士"，第一名为"状元"。因此，"贡士"比"举人"高一级，比"贡生"差不多高两级。

【国学故事】

燕昭王易水黄金台

战国时期的燕王哙盲目崇拜远古时期的禅让制，将王位传给了国相子之，引起太子平的不满，双方发生战争，燕王哙、子之都死于战乱，燕国陷入危亡之中，齐国借机出兵，攻占燕都和燕国大部分领土。在秦国的帮助下，燕昭王即位，励志图强，招揽天下人才，报齐国入侵之仇。他拜见了燕国的名士郭隗，请教怎样才能够吸引人才到燕国来。郭隗给他讲了一个故事。一个国君想花费千金购买千里马，很久都没有得到。有人自告奋勇去做这件事，用五百金买回了千里马的骨头，并解释说，我用五百金买回千里马的骨头，是要让大家看到大王购买千里马的诚心，死马的骨头您都愿意花重金购买，更何况活的千里马呢？果然时间不长就有人送来了三匹千里马。郭隗说，我就是那个千里马的骨头，连我这样的人大王都予以款待，更何况才能高于我的人呢？于是，燕昭王厚待郭隗，并在易水旁筑起了一座招贤台，台上堆满黄金，故又称黄金台。燕昭王诚心求士的消息传出后不久，著名军事家乐毅、法家人物剧辛、阴阳家邹衍都来到燕国。后来乐毅率领燕、赵、楚、韩、魏五国联军攻入齐国，连下齐城七十余座，只剩下莒、即墨没有攻下，而燕国最终跻身于战国七雄。"黄金台"在后世也成为招揽贤才的象征。李贺《雁门太守行》就说："报君黄金台上意，提携玉龙为君死。"是说愿意报答国君的厚意，愿意拿起宝剑为国战死。但是能够如此招致人才的君主实在太少了。李白《行路难》说："谁人更扫黄金台。行路难，归去来。"胡曾《黄金台》说："若问昭王无处所，黄金台上草连天。"黄金台上野草连天，无人打扫，预示着像燕昭王那样花大力量吸引贤才的事已经一去不复返了。

【现实启悟】

招贤纳才要放得下架子

中华民族历来具有尚贤爱才、礼贤下士的优良传统。古往今来的大量事实证明，为政者以礼下士、以诚待人，必然会吸引众多贤才前来效力，得到的人才越多，成功的概率就越大。

当前，我国改革开放进入深水区，习近平同志指出，现在我们比历史上任何时期都更需要广开进贤之路、广纳天下英才。广纳天下英才，不仅需要各级领导干部要有开放的胸怀，不唯地域引进人才，不求所有开发人才，不拘一格用好人才；还需要领导干部有礼贤下士的修养，沉得下身子、放得下架子、掏得出心窝子，以诚感人，以礼待人，用真心、真情、真诚招揽人才。

礼贤下士还要切忌"做样子"，做表面文章，哗众取宠不仅不能招来贤才，还有损党的作风和领导形象。群众的眼睛是雪亮的，什么是虚情假意地作秀，什么是真正地礼贤下士，一经接触就能看出来。领导干部要有"为天下"选才的胸怀，放下身段，拿出诚意，做到真正地礼贤下士，就会群贤毕至。

三、赏识出人才

（一）

【原典】

美哉，禹功！明德远矣。微①禹，吾其鱼乎。

——（春秋）左丘明《左传·昭公元年》

【注释】①微：没有、不是。

【译文】太美了，大禹的功劳！贤明的德行影响深远啊。如果没有大禹，我们都要变成鱼了吧？

（二）

【原典】

管仲相桓公，霸诸侯，一匡天下，民到于今受其赐。微管仲，吾其被发①左衽②矣。

——春秋《论语·宪问》

【注释】①被（pī）发：被，披、披散。中原人成年以后要束发加冠，边地民族则是披散头发。

②左衽（rèn）：衽，衣襟。左衽，上衣的前襟向左掩，是边地民族的装饰，中原地区衣襟向右掩。

【译文】 管仲辅佐齐桓公，称霸诸侯，匡正天下的一切，百姓到现在还承受他的恩赐。如果没有管仲，我们还要像边地民族那样披散着头发、左掩衣襟呢。

（三）

【原典】

玄谓太祖曰："天下将乱，非命世之才不能济也，能安之者，其在君乎！"

——（西晋）陈寿《三国志·魏书·武帝纪》

【译文】 桥玄对曹操说："天下将要大乱，除非是有名的人才不能济世。能够安定天下的大概就是你了吧。"

（四）

【原典】

（曹）彰到，如太子①言，归功诸将。太祖喜，持彰须曰："黄须儿②竟大奇也！"

——（西晋）陈寿《三国志·魏书·任城王传》

【注释】 ①太子：指曹丕。
②黄须儿：曹彰胡须发黄，故称。

【译文】 曹彰回到京师，就像曹丕所指出的那样，把功劳都分给各位将领。曹操大喜，手抓着曹彰的胡子说："我的黄须儿真是人才出众啊！"

（五）

【原典】

太宗以魏徵为人镜，谓左右曰："以古为镜见成败，以铜为镜知美丑，以人为镜知善恶。吾用此三镜以辨兴衰。今魏徵死，吾失一镜。"

—— （唐）李冗《独异志·卷下》

【译文】唐太宗把魏徵叫作人镜，他对左右的人说："把古代当作镜子可以知道成败，用铜作镜子可以知道人的美丑，用人作镜子可以知道善恶。我有了这三面镜子可以辨识兴衰。如今魏徵死了，我失去了一面镜子。"

（六）

【原典】

权谓吕蒙曰："卿今当涂掌事，不可不学！"蒙辞以军中多务。权曰："孤岂欲卿治经为博士邪！但当涉猎，见往事耳。卿言多务，孰若孤？孤常读书，自以为大有所益。"蒙乃始就学。及鲁肃过寻阳，与蒙论议，大惊曰："卿今者才略，非复吴下阿蒙！"蒙曰："士别三日，即更刮目相待，大兄何见事之晚乎！"

—— （北宋）司马光《资治通鉴》

【译文】孙权对吕蒙说："现在你在当涂任职，不可以不学习啊！"吕蒙借口军中公务繁忙。孙权说："我也不是让你研究经书做个博士，仅仅是想让你稍微涉猎，了解历史。你说事务繁忙，你的事务能多得过我吗？我还经常读书，觉得大有裨益。"从此吕蒙开始读书。等到鲁肃经过寻阳，和吕蒙一交谈，大吃一惊，说："你如今的才学谋略，已经不是原来的吴下阿蒙了！"吕蒙说："士人分别三天就应该另眼相看，老兄怎么了解情况这么慢呢！"

【国学常识】

魏晋风度与魏晋文人生活方式

　　魏晋时期，很多文人士子都选择了一种新的生活方式，不同于儒家的积极仕进，也不同于佛道的隐逸山林，而是处于二者之间，其中尤以"竹林七贤"为代表。第一，他们的生活环境要选择山水胜地，寄情于山水之间，游历畅想，吟咏歌唱，无拘无束，以此表达崇尚自然、率真任诞的性灵。但是有时候也会表现过度，达到放浪形骸的地步，像刘伶的裸体饮酒、王仲宣喜欢模仿驴叫。第二，名士生活离不开酒，最有名的就是"竹林七贤"中的刘伶，他嗜酒如命，酒量颇大，他自己说："天生刘伶，以酒为名；一饮一斛，五斗解醒。"刘伶著名的传世作品就是《酒德颂》。饮酒之外还要服药。当时的士大夫经常吃的一种药叫寒食散，吃完这种药需要少穿衣服、吃冷食、洗冷水，还要通过行走来散发药性，这个过程叫行散。所以后来鲁迅先生专门写过一篇文章就叫《魏晋风气及文章与药及酒之关系》，很恰当地点明了这一点。第三，文人经常聚会雅集，最出名的自然是兰亭雅集、新亭饮宴等。第四，面谈聚会的主要内容是玄学清谈。"玄学"是一种崇尚老庄的思潮，特指魏晋时代以《周易》《老子》《庄子》等"三玄"为内容的谈论，亦称"玄谈"或"谈玄"，一般称为"清谈"，表现为不谈国事、不言民生，专谈抽象玄理。《世说新语》中记载了很多士族名士讲究仪容修饰，神态超逸，语言机警多锋、简约有味的事迹。"清谈"风气的流行，使玄学的理论得以更普及和大众化，对后世封建社会文人志士的思想、文学、艺术也都产生了较大的影响。

用人治要

不吝褒奖的曹孟德

曹操对于才华出众、办事出色的将士，从来不吝惜自己的表扬和奖赏，总是通过各种形式及时地进行表扬和肯定。荀彧原是袁绍的属下，见袁绍胸无大志，料定他干不成大事，便投奔曹操。曹操与他一番长谈后，非常高兴，发自内心地说道："吾之子房也。"便任命荀彧为司马。荀彧感念曹操的知遇之恩，跟随曹操南征北战，出奇计、定奇策，曹操认为自己能建功立业都是"荀彧之功业"，而自己只是"由以济"，与荀彧的功劳相比，如同"用披浮云，显光日月"。可见曹操对荀彧高度欣赏和赞美。

青铜马 三国初期

荀彧后来给曹操推荐了钟繇、郭嘉等大批贤能。刚见郭嘉时，曹操跟郭嘉谈论天下大事。曹操说："使孤成大业者，必此人也。"这是多么高的评价，郭嘉也很高兴，激动地说："真吾主也。"官渡大战前夕，钟繇奉命镇守关中，及时给曹操送了两千匹战马，使军备有了保障，给了曹操很大的支持。曹操给钟繇的信里写道："得所送马，其应其急。关右平定，朝廷无西顾之忧，足下之勋也。昔萧何镇守关中，足食成军，亦适当尔。"曹操把钟繇与昔日的萧何相提并论，毫不吝惜地大加表扬和赞美。观曹操一生，他对贤能的渴望、欣赏、尊重以及赞美，从未间断过，真是这种发自内心的赞美，使他赢得了众多英才。

 【现实启悟】

赞美砥砺人才

人们常说："好孩子是家长夸奖出来的，好学生是老师表扬出来的。"可见赞美和肯定能激发孩子的激情和创造力。这同样适用于人才身上。人才往往更希望个人的价值与能力得到别人的认同和肯定，因此，及时地赞美是凝聚人才、激励人才必不可少的"手段"之一。

曹操善用激励，将荀彧比为张良，把钟繇视为萧何，他们为了报答曹操的知遇之恩，定会"士为知己者死"，追随曹操为他赴汤蹈火、在所不辞。曹操能在战乱的三国，拢聚天下大部分人才，与他尊重贤能、赏识贤能，善于赞美与表扬人才是分不开的。

要注意的是，赞美别人要由衷地发自内心，态度真诚，感情真挚，以事实为据，既不过于夸大，又不凭空捏造，否则被赞美的人会感到不自然，起不到鼓舞激励的作用。朱熹说："水激石则鸣，人激志则宏。"给人才一个赞美，定还你一个奇迹。

四、薄责以勉人

（一）

【原典】

范文子暮退于朝。武子曰："何暮也?"对曰："有秦客廋辞^①于朝，大夫莫之能对也，吾知三焉。"武子怒曰："大夫非不能也，让父兄也。尔僮子，而三掩^②人于朝。吾不在晋国，亡无日矣。"

——战国《国语·晋语》

【注释】 ①廋（sōu）辞：谜语、隐语。

②掩：盖过、超过。

【译文】 范文子下朝晚了，父亲范武子问他："今天怎么这么晚呢?"范文子回答说："今天有一个秦国人在朝上说了几个谜语，大夫们没有谁能猜中，我猜中了三个。"范武子生气地说："那些大夫们不是不会啊，是谦让父亲、兄长先回答，你一个毛孩子，在朝廷上三次抢人的风头。假如我不在晋国了，你就离逃亡的日子不远了。"

（二）

【原典】

孟子之少也，既学而归，孟母方绩，问曰："学所至矣?"孟子曰："自若也。"孟母以刀断其织。孟子惧而问其故，孟母曰："子之废学，若吾断斯织也。夫君子学以立名，问则广知^①，是以居则安宁，动则远害。今而废之，是不免于厮役而无以离于祸患也。

——（西汉）刘向《列女传》

【注释】①知（zhì）：智慧。

【译文】孟子小时候，有一天学完回家，孟母正在织布，问他："今天学到什么程度了？"孟子说："和昨天一样。"孟母拿起一把剪刀把织到一半的布剪断了。孟子很害怕，问母亲这样做的缘故。孟母说："你荒废学习，就像我剪断布匹。君子学习是要建立好的名声，求教别人是为了增加自己的知识，因此住下来要有个安宁的环境，一出门就要远离祸害。如果荒废了，就免不了做一名差役，就没有办法远离灾祸。"

（三）

【原典】

庾仲初作扬都赋成，以呈庾亮。亮以亲族之怀，大为其名价：云可三《二京》^①、四《三都》^②，于此人人竞写，都下纸为之贵。谢太傅^③云："不得尔，此是屋下架屋耳，事事拟学，而不免俭狭。"

——（南朝宋）刘义庆《世说新语·文学》

【注释】①《二京》：指《二京赋》，张衡的代表作，包括《西京赋》《东京赋》两篇。二京，指西汉长安和东汉洛阳。《二京赋》被认为是汉赋中的精品。

②《三都》：一般指左思的《三都赋》，三都指的是魏都、吴都、蜀都。当时人传抄《三都赋》，洛阳为之纸贵。

③谢太傅：指东晋著名政治家谢安。

【译文】 庾仲初写完《扬都赋》呈给庾亮品评。庾亮因为同族的关系就大大褒奖一番，说："是《二京赋》的三倍，是《三都赋》的四倍。"于是人人争着抄写，造成建康纸张的价格都随着上涨。谢太傅说："没有那么夸张，只不过是叠床架屋罢了，什么东西都学别人的，肯定就会浅陋。"

（四）

【原典】

庾法畅造庾太尉，握麈尾①至佳。公曰："此至佳，那②得在？"法畅曰："廉者不求，贪者不与，故得在耳。"

—— （南朝宋）刘义庆《世说新语·言语》

【注释】 ①麈（zhǔ）尾：古人闲谈时执以驱虫、掸尘的一种工具。在细长的木条两边及上端插设兽毛，或直接让兽毛垂露外面，类似马尾松。因古代传说麈迁徙时，以前麈之尾为方向标志，故称。后古人清谈时必执麈尾，相沿成习，为名流雅器，不谈时，亦常执在手。

②那（nǎ）：哪。

【译文】 庾法畅去拜访庾太尉，手里拿的麈尾非常漂亮。庾太尉说："这个漂亮至极的物件从哪里得来的？"庾法畅说："品行端正的不向我要，心性贪婪的跟我要我也不给，所以现在还在我的手里。"

（五）

【原典】

刘真长为丹阳尹，许玄度出都，就刘宿，床帷新丽，饮食丰甘。许曰："若保全此处，殊胜东山①。"刘曰："卿若知吉凶由人，吾安得不保此！"王逸少②在坐，曰："令巢③、许④遇稷⑤、契⑥，当无此言。"二人并有愧色。

——（南朝宋）刘义庆《世说新语·言语》

【注释】①东山：许玄度在会稽幽究山，与谢安、支遁游处，以弋钓啸咏为事。

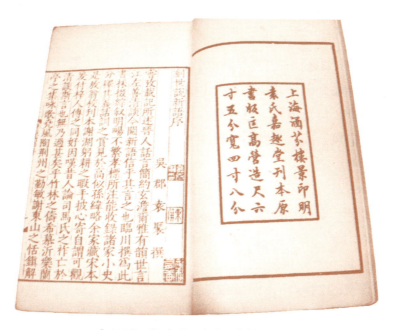

《世说新语》书影　上海涵芬楼影刻本

②王逸少：王羲之，字逸少。

③巢：巢父。尧想让天下给许由，许由跑到河边去洗耳。巢父牵着牛来饮牛，听说了许由洗耳的原因，就牵着牛到上游饮牛去了。

④许：许由。

⑤稷：后稷。周朝的祖先。

⑥契（xiè）：商朝的祖先。

【译文】刘真长做了丹阳郡的郡守，许玄度就离开京城住到他这里，床子、帷帐都是新的，很华丽，饮食丰足。许玄度说："如果能够保住这种生活，比在东山还要快活啊。"刘真长说："你如果懂得吉凶都是人造成的，就知道我怎么可能保不住这种日子呢！"当时王逸少在座，说："假如有巢氏、许由遇到后稷、契这样的贤明君主，应该说不出这样的话。"二人听了都面有愧色。

（六）

【原典】

（崔氏）谓之曰："吾非怒汝，乃愧汝家耳。汝先君……在官清恪，未尝问私，以身徇国，继之以死，吾亦望汝副其此心。汝自童子承袭茅土，位至方伯，岂汝身致之耶？安可不思此事而妄加嗔怒，内则坠尔家风，或亡失官爵；外则亏天子之法，以取罪戾。"

——（唐）魏徵《隋书·郑善果传》

【译文】母亲崔氏对郑善果说："我并不是生你的气，而是觉得愧对你们家。你的父亲为官清廉，从来没有枉法徇私，最后以身殉国。我也希望你能继承你父亲的遗志。从你少年的时候起就继承了你父亲的封地，如今做到了刺史，这难道是靠你自己的本事做到这个地位的吗？怎能不仔细思考这些事就胡乱发怒，在家会败坏家风，或许还会丢官失爵；对外就会毁坏天子法纪，为自己找来罪恶。"

 【国学常识】

官员也需要休假

在古代，官员休假有明确的规定。朝代不同，休假的长短也不同。秦以前官员每天要按时上班，有事提前请假，称为"告归"。到汉代，据《汉律》记载，"吏员五日一休沐"，就是说上朝五天以后可以有假期回家洗头沐浴。隋唐时采用"旬休制度"，官员可以十天休一次假，一些节日如清明、冬至、端午、中秋、重阳等日子也放假休息。此外，等到皇帝过生日、孔子的生日、老子的生日等都还可以有一到三天的假期。除了这些国家规定的节假日可以休息外，唐朝一般不允许请事假，实在要请，每月不得超过两天，否则就会罚扣一个月的俸禄，超过一百天就得停职处理了。相比之下，宋朝的休假制度相对宽松。据《文昌杂录》记载："官吏休假，元旦、寒食、冬至各七日；上元、中元、夏至各三日；立春、清明各一日，每月例假三日，岁共六十八日。"每年春节，还会有一个长假，时间从阴历十二月二十日开始，到来年的"上元节"（正月十五）左右，大约一个月时间，这段时间各级官署"封印"不办公，官员、衙役都放假休息。相当于我们现在的春节假期。如此算下来，一年竟有九十多天假期。元明时代的休假时间从十几天到几十天不等。清代鸦片战争以后，越来越多的欧洲、美洲人来到中国，同时带来了"礼拜天"的概念，我国的休假制度也受其影响，由原来的十天一休，变成了七天一休，沿袭了很长时间。直到20世纪90年代，我国政府部门才规定了每周双休日休息制度，一直延续至今。

 【国学故事】

墨子怒责耕柱

耕柱是墨家学派创始人墨子的得意门生，学问和品行在众多学生里都是出类拔萃的，但他常常受到墨子的批评和责骂，差不多是挨骂最多的学生。有一次，当着众多门生，墨子又责备了耕柱，耕柱觉得很没面子，就愤愤不平地问道："老师，难道我是同学当中最差劲的吗？几乎天天都要遭到您的责骂。"

墨子听完，平静地说道："如果我要上太行山，用马拉车和用牛拉车，你选哪一个？"耕柱回答："再笨的人也知道要用良马来拉车。"墨子又问："那为什么不用牛拉车呢?"耕柱说："理由不是明摆着吗,良马足以担负重任,值得驱遣。而牛则不堪重负。"墨子说："你说得一点儿也没错,我之所以时常责骂你,也是因为你能够担负重任,值得我一再地教导与匡正你。"耕柱这才理解了老师的良苦用心,从此更加发愤读书。

【现实启悟】

领导者要善用"批评"

批评与自我批评是我们党的优良传统和三大作风之一。习近平在《之江新语》中指出:"现在有一种倾向,好像批评是不得了的事情,批评谁就得罪谁,出现批评的人不敢批评、被批评的人也不愿被批评等现象……这是一种不好的风气,甚至对党组织的肌体健康是有危害的。"如果任由这种风气蔓延开来,不仅会影响党员干部的进步成长,还会影响到党组织的健康。因此要在思想上澄清一种观念,批评不是打压,而是一种爱护,批评的目的是为了团结、为了进步。

领导干部要善用批评这一武器,注意把握好以下两点:

一是开展批评要秉持公心,秉着坦诚、公正的态度,出于尊重和理解,不掺杂任何私心,客观公正地对下属出现的缺点、错误,及时指出,督促其改正,以达到让人警醒的目的。

二是注重批评的方式方法。批评也需要技巧,要把握好尺度和分寸。批评不深入,则无关痛痒,指不出问题和症结所在,切不中要害,起不到作用;过度的批评又打击人的自信心,难免伤及自尊;批评更不是一味的指责,那样只会激化矛盾,使问题变得更加糟糕。要善于运用谈心、谈话等多种方式,避免单纯说教,坚持以理服人,帮人改过。

批评使人进步。被批评者要学会虚心接受批评,认识到客观公正的批评是对自己的爱护和帮助，宋理学家朱熹曾说"有所未善则改之，无歉于心则加勉"。面对领导的批评，应当抱着"闻过则喜"的态度，有过则改、善莫大焉，无过加勉、不断反省，在虚心接受批评及时改正错误中不断走向进步、走向成熟。

五、适度留白的艺术

（一）

【原典】

将能而君不御者胜。

——（春秋）孙武《孙子兵法·谋攻篇》

【译文】将帅有才能而且国君不强加干预的情况下能取得胜利。

（二）

【原典】

晏子治东阿三年，景公召而数①之曰："吾以子为可，而使子治东阿，今子治而乱，子退而自察也，寡人将加大诛于子。"……明年上计，景公迎而贺之曰："甚善矣！子之治东阿也。"晏子对曰："前臣之治东阿也，属托②不行，货赂不至，陂池③之鱼，以利贫民，当此之时，民无饥者，而君反以罪臣；今臣之后治东阿也，属托行，货赂至，并会赋敛，仓库少内，便事左右，陂池之鱼，入于权家，当此之时，饥者过半矣，君乃反迎而贺。臣愚不能复治东阿，愿乞骸骨④，避贤者之路。"景公乃下席而谢之曰："子强复治东阿，东阿者，子之东阿也，寡人无复与⑤焉。"

——（春秋）晏婴《晏子春秋·附录》

【注释】①数（shǔ）：数落、责备。

②属（zhǔ）托：即嘱托，托关系。

③陂（bēi）池：池塘。

④乞骸骨：致仕、退休。

⑤与（yù）：参与、干预。

【译文】晏子管理东阿三年，齐景公召见他责备说："我认为你有才能，才让你治理东阿，可是你把东阿管理得很混乱，你回去自己反省一下，我要对你作出严厉的批评。"……第二年业绩报上来，齐景公迎接他祝贺说："你把东阿治理得很好了。"晏子回答说："去年我治理东阿，不接受权臣的请托，没有人行贿受贿，池塘里的鱼都接济了穷人。这个时候，百姓没有挨饿的，国君你反而怪罪我。今年我去治理，请托盛行，公开贿赂，收来的赋税，国家仓库里很少，都用来买通您身边的人，池塘里的鱼都送入权贵之家，这个时候，挨饿的人超过一半，可是国君反而来迎接我、祝贺我。我很愚昧，再也不能去治理东阿了。请求退休，免得挡住贤人的道路。"齐景公走下坐席谢罪说："您就勉强再去治理东阿吧，东阿是你的东阿，我就不再参与意见了。"

（三）

【原典】————————

君哉舜也！巍巍乎有天下而不与焉！

——（战国）孟轲《孟子·滕文公上》

【译文】舜太像一个国君了！拥有天下高居王位，自己却不参与其中！

（四）

【原典】

君人者劳于索人，佚于使人。

——（战国）韩非《韩非子·难二》

【译文】做国君的在寻求人才方面要辛苦，在用人方面要宽松。

（五）

【原典】

闻古之善用人者，必循天顺人而明赏罚。循天则用力寡而功立，顺人则刑罚省而令行，明赏罚则伯夷、盗跖不乱。如此则白黑分矣。

——（战国）韩非《韩非子·用人》

【译文】我听说古代善于使用人才的，一定要遵循天道、顺应民意、明确赏罚。遵循天道就会用力少却能成就功业，顺应民意就会刑法减省而命令却能执行，明确赏罚那么谁是伯夷、谁是盗跖就不会混淆。做到这些白与黑就区分得很清楚了。

（六）

【原典】

任能者责成而不劳；任己者事废而无功。

——（东汉）桓宽《盐铁论·刺复》

【译文】任用能人，要求他做成事而自己不用辛苦；自己亲力亲为就会事业荒废而没有功绩。

（七）

【原典】

君子不责人所不及，不强①人所不能，不苦人所不好。

——（南朝梁）王通《中说·魏相篇》

【注释】 ①强（qiǎng）：强迫、勉强。

【译文】 君子不要求人去做他的能力达不到的事情，不勉强人去做他不擅长做的事情，不逼迫人去做他所不喜欢做的事情。

（八）

【原典】

劳于求贤，逸于任使。

——（唐）李延寿《北史·柳彧传》

【译文】 在寻求贤人上多辛苦，在使用贤人上要多放手。

（九）

【原典】

委用之后，名实相副①，则当任之。既任之，则当久之。使代天下之绩，久而化成，然后圣君垂拱②而天下治矣。

——（唐）李绛《论任贤事》

【注释】 ①副：相称、符合。

②垂拱：垂衣拱手，指不亲理事务。

【译文】 委托做事以后，如果名声与实效相符合，就要任用他。已经任命以后就要让他任职长久，让他代理国君治理天下的业绩，要经过长时间的教化才可以达成，然后国君可以轻易地收获天下大治。

（十）

【原典】

善用兵者，使之无所顾，有所恃。无所顾，则知死之不足惜；有所恃，则知不至于必败。

————（北宋）苏洵《心术》

【译文】善于用兵的人，一定要让士兵无所顾忌，有所依仗。无所顾忌，士兵就会知道为国而死不值得吝惜；有所依仗，士兵就会知道作战不一定会失败。

 【国学常识】

古代职场的巨大"黑洞"

古代官场在正常的人才任免之外，还有一种非常规的任职程序，就是"捐纳"制。"捐纳"又叫"赀选""开纳""捐输"等，也就是通常所说的"卖官鬻爵"，由朝廷按照官职的大小开出价格进行公开出售的制度。捐纳早在秦汉时就已出现。秦始皇时，因蝗灾导致国库空虚，为增加财政收入，秦始皇规定"百姓纳粟千石，拜爵一级"。当时称纳粟，也就是捐纳制的起始。此后历代多有沿袭，特别是每逢军兴或灾荒，统治者多实行此制，公开卖官卖爵。《汉书·食货志》记载，汉武帝时，"吏得入谷补官""令民得入粟补吏"。东汉末年，汉灵帝为了敛财聚财，大举卖官，上自三公，下至羽林郎，公、卿、吏全部明码标价，均可以用钱购买，甚至有已经被选中却因为没有钱粮而不能上任的情况。以后的历代政权也大都开办捐例。到了清代中叶，捐纳制发展到极盛，与"科举""荫袭"同为清朝选拔官吏的三个重大途径，一直存在了两百多年，对晚清的社会政治、经济、文化产生了广泛而深刻的影响。捐纳制度固然使得国库收入增加，但是毕竟通过这个渠道提拔上来的人才没有经过正常的组织程序，在人才的鉴别、考察等阶段缺乏应有的把关，直接导致官员队伍鱼龙混杂，加剧了吏治腐败。

同治五年（1866年）婺源县善后局颁发的洪立钺捐从九品衔收照

【国学故事】

陈平不理细务

汉文帝的时候，周勃掌握军权，诛杀吕后的势力，恢复了刘姓天下，位置较高，任右丞相。陈平辅助周勃，任左丞相，地位在周勃之下。有一次，汉文帝问周勃："今年一共有多少起诉讼案件？"周勃说："我不知道。""今年一年粮食收支情况怎么样？"周勃还说不知道。汉文帝又拿相同的问题问陈平，陈平说："这些都有主管的官员，陛下可以问他们。问诉讼，有廷尉负责；问粮食，有治粟内史负责，我不太清楚。"汉文帝说："既然都有主管官员，那要你们做丞相的有什么用呢？"陈平说："我们负责管理主管官员。陛下在任命时不知道每个人才能如何，可以问我们。丞相这个职位，对上要辅佐天子，对下养育万物，对外安抚四夷，对内亲近百姓。使公卿大夫各得其所是我们的本职工作，不负责具体事务。"汉文帝对他的回答大加赞赏。出来以后，周勃怪陈平平时不告诉他怎样应付皇帝的提问，陈平说："你难道不知道自己的职责吗？如果陛下问你长安城中有多少盗贼，你还准备估计个数目告诉他吗？"通过这件事，周勃认为自己做丞相的本事不如陈平，后来索性请了病假，陈平就全权负责丞相的工作了。

【现实启悟】

善于"留白"才会"双赢"

"留白"是绘画艺术的一种手法，指在书画创作中有意留下相应的空白，给人以联想、思考等审美空间。善用留白艺术能达到"无物胜有物""无形胜有形"的效果。孔子的学生宓子贱治理单(dǎn)父的时候，每天只知道弹琴作歌，身不下堂，可是单父管理得很好。而另一位官员巫马期，每天披星戴月、勤政爱民，单父也治理得很好。巫马期向宓子贱请教其中的秘诀。宓子贱说："我是依靠大家进行管理，你是依靠自己。依靠自己的自己就会操劳，依靠大家的自己就会舒心安逸。"宓子贱在用人上就体现了这种"留白"的艺术。

领导干部要善于职场留白，"操其要于上，而分其详于下"。给下属尽情施展才能的足够空间。荀子说："主好详，则百事荒。"事无巨细、统抓不放，肯定当不好领导。当年蜀汉时期的诸葛亮绝对是人才中的奇才，但是连军营中超过二十军棍的惩罚他都要亲自过问，从这件事可以看出，诸葛亮管人、用人有问题，他一定要求"德才兼备"，但结果导致"蜀中无大将"。以诸葛亮的才干尚且不能做到事必躬亲，试想我们普通人又如何能够做到呢？所以一个成功的领导者要善于"留白"，致力于把方向、抓引导，做全面的指挥、谋划，给下属充分的施展空间，让其进步成长。

对人才来讲，获得足够的开拓空间是尽展才能的前提。"海阔凭鱼跃，天高任鸟飞"，屋檐下的麻雀永远不会成为搏击长空的雄鹰。善用"留白"艺术，巧用众智众力，既能使领导干部"佚于治事"，又能使人才"尽其巧，毕其能"，激发无限创造性。何乐而不为？

第八篇

管人驭人

　　管理人是领导者的基本职能，管理水平直接体现出一个领导者的领导才能。古代帝王、将帅在管人驭人方面总结了很多经验。如"感人心者，莫先乎情""驭将之道，最贵推诚，不贵权术"等。要管好人，就要以情动人、以诚待人、以信立人，使对方心灵深处产生认同感。如刘秀的推心置腹、刘备的三顾茅庐、曹操的焚书明志等，深深打动下属的心，必会使人感念知遇提携之恩进而贡献全部聪明才智。作为一个好领导，要管好人，还要以德服人：在下属工作、生活出现失误时，不诿过、不推脱，勇于承担责任，积极检讨自己；在下属取得成绩荣耀时，不争利、不抢功，积极提携别人。

　　值得一提的是，在中国传统文化中法家提出的一系列关于管理人才的方法，一直被历代统治者所奉行。如韩非提出的"法""术""势"相结合的理论被历代帝王推崇和实践，形成了古代统治儒学表层之下的法家建构，厚赏重罚、恩威并施、相互制衡等，至今还闪烁着睿智的光芒，令人叹服。学习借鉴古人管人驭人的经验教训，择其善者而从之，其不善者而改之，对领导干部做好人才管理工作有着重要意义。

一、驭人必驭情

（一）

【原典】

二人同心，其利断金。同心之言，其臭①如兰。

——战国《周易·系辞上》

【注释】　①臭（xiù）：气味。

【译文】　只要两个人同心协力，发出的力量可以斩断金属；二人同心所说的话，散发的气味就像兰草一样芳香。

（二）

【原典】

以力服人者，非心服也，力不赡也；以德服人者，中心悦而诚服也。

——（战国）孟轲《孟子·公孙丑上》

【译文】　用武力使人归服，并不是心里归服，是因为力量不足；用德行使人归服，是心中高兴而真的归服。

（三）

【原典】

明君顺人心，安性情，而发于众心之所聚。是以令出而不稽①，刑设而不用。

——（春秋）管仲《管子·君臣上》

【注释】①稽：稽留，阻碍不通。

【译文】贤明的君主顺应民心，稳定百姓的性情，行事以民众共同关心的事务为出发点。这样的命令发布下去就不会有阻碍，刑罚设置了却用不上。

（四）

【原典】

光武知其意，敕令各归营勒兵，乃自乘轻骑按行部陈。降者更相语曰："萧王①推赤心置人腹中，安得不投死乎！"由是皆服。

——（南朝宋）范晔《后汉书·光武帝纪》

【注释】①萧王：指刘秀，他曾被封为萧王。

【译文】光武帝知道他们内心的想法，命令他们各自归营领兵，自己骑着马到各处巡视。降将们都互相议论说："萧王（刘秀）把自己赤诚的心交给我们，我们怎么能够不拼死作战呢？"于是就都真心归服了。

（五）

【原典】

我与晋州推诚相待，何忽辄相猜阻，横生此言。

——（唐）李百药《北齐书·慕容绍宗传》

【译文】我和高晋州拿出诚心对待对方，怎么能使我们互相猜疑，凭空多出这些挑拨的话。

（六）

【原典】

凡将先有爱结①于士，然后可以严刑也；若爱未加而独用峻法，鲜②克③济焉。

——（唐）李靖《唐太宗与李靖问对》

【注释】①结：连接、联合。

②鲜：少。

③克：能。

【译文】所有领导者都应先施爱于人，然后才可以施行严刑峻法；如果没有广施仁爱，而只采用严刑峻法进行统治，那是很少有效果的。

（七）

【原典】

诱之以赏，策之以罚，感之以恩。取大节，宥①小过，而士无不肯用命矣。

——（明）张居正《权谋书》

【注释】①宥（yòu）：宽恕、赦免。

【译文】用赏赐来劝诱他们，用刑罚来威慑他们，用恩惠来感化他们。看重一个人的大节，宽恕他们的小错误，这样有才能的人没有不肯为你效命的。

（八）

【原典】

动之以情，折之以礼。

——（明末清初）王夫之《读通鉴论》

【译文】用真情使之感动，用谦恭的礼节使之折服。

【国学常识】

独占官学的"五经博士"

"经"指的是儒家经典著作，先秦的六经传到汉代只剩下了五经：即易、书、诗、礼、春秋。博士本来指的是博通古今的人，先秦已经有了"博士"的称号，秦代设立了诸子、诗赋、术数、方伎博士。汉文帝时设立一经博士，汉景帝时设《书》《诗》《春秋》博士，武帝时为了配合"独尊儒术"，罢黜诸子百家的传记博士，增置《易》《礼》博士官，合起来共称"五经博士"，职责是教授、课试，

儒家五经

或奉使、议政，此后公卿、大夫、士吏都由文学之士担任。五经博士的设置，使经学与利禄之途密切地联系起来，通晓儒家经典成为仕进的主要条件，否则就不能出仕做官，由此奠定了儒学经典的权威地位。儒家以外的诸子流派、百家学说失去了在官学中的合法地位，日益衰微。五经博士的设立对后世影响极为深远。

 【国学故事】

顺治祭孔，士人归心

清军入关以后，一方面继续武力征战，促进国家领土统一，另一方面加紧进行文化建设，促进思想文化的统一。顺治皇帝为了招揽汉族知识分子，经与孝庄皇太后商议，决定在顺治九年（1652年）八月二十七日，孔子诞辰的时候，在国子监举行盛大的祭祀孔子的盛典。在此之前，顺治已经加封孔子的六十五世孙孔允植为衍圣公，在祭孔大典前些时候，把孔允植接到京城参加祭孔仪式。仪式结束后，顺治皇帝亲自接见了孔允植和孔、孟、颜、曾四姓的后人，并且昭告天下，说："圣人之道，如日中天，上之赖以政治，下之资以事君，学官诸生共勉之。"

祭孔之后，顺治加强了对汉族文化的学习，精读经典、泛览史传，尊儒重道，通过多种手法，拉拢汉人知识分子，冲淡他们对清王朝的仇恨心理。汉族士人在清军入关以后总体上持迟疑观望态度，不肯站出来参与政权建设。顺治的这些举措，透露给汉族士人一个强大的信息，即清朝的统治仍然会接纳汉族士人的积极参与，于是一些士人放弃了隐居生活，开始从田野走向仕途。

 【现实启悟】

"大情"感人，"大义"化人

古语云："道始于情。"管理人的最高手段莫过于"以情动人"，也就是用情感打动人、感染人、激励人，使人才"心甘情愿"发挥自己的聪明才智，从而达到上下一心"其利断金""其臭如兰"的境界。

中国古代君主、帝王往往用"大情大义""利诱"士人阶层。所谓"大情大义"，就是古代士人阶层追求的"以天下为己任""治国平天下"的理想目标。儒家强调修身齐家治国平天下，孔子说："行己有耻，使于四方，不辱君命，可谓士矣。"一个人，知道什么是礼义廉耻，忠于自己的使命为社会做事，这样就可以算作有识之士了。言外之意是说，"士"有了良好的修养后，不可以只陶醉在自我世界，要以天下为己任，为国家社会做事，做到"不辱君命"。

"穷则独善其身，达则兼济天下"，一旦被君王重视、被社会召唤、被国家需要，士人们便义无反顾地投入社会。如霍去病、岳飞、文天祥等，他们甘于奉献、舍小家保大家，这些典型在中国历史上灿若星辰，成为中华民族的精神脊梁，影响着一代又一代中国人。

"先天下之忧而忧，后天下之乐而乐"，古代士人尚能有如此情怀，在实现中华民族伟大复兴的今天，我们怎能落后？习近平同志指出，中华民族复兴的中国梦归根到底是人民的梦，必须紧紧依靠人民来实现，必须不断为人民造福。实现中国梦必须凝聚中国力量，调动全国人民的才智，发挥各个领域、各个层面人才的积极性，人尽其才、才尽其用，才有可能实现。

二、宽诚以待人

（一）

【原典】

君子义以为质^①，礼以行之，孙^②以出之，信以成之。

——春秋《论语·卫灵公》

【注释】 ①质：本质，根本。

②孙（xùn）：此义后来写作"逊"。

【译文】 君子把义作为最根本的东西，用礼来约束实行，用谦逊的话语表达出来，用诚信使它完成。

（二）

【原典】

子贡问曰："有一言而可以终生行之者乎?"子曰："其恕乎，己所不欲，勿施于人!"

——春秋《论语·卫灵公》

【译文】 子贡问道："是否有一个字可以终生奉行呢?"孔丘答："那大概就是'恕'吧，自己不愿意做的事情，就不要施加在别人身上。"

（三）

【原典】

君子敬而无失，与人恭而有礼，四海之内，皆兄弟也。

——春秋《论语·颜渊》

【译文】君子工作敬业没有失误，与人交往谦恭而有礼，在四海之内都会交到好朋友。

（四）

【原典】

景公问晏子曰："临国莅①民，所患何也?"晏子对曰："所患者三：忠臣不信，一患也；信臣不忠，二患也；君臣异心，三患也。是以明君居上，无忠而不信，无信而不忠者。是故君臣同欲，而百姓无怨也。"

——（春秋）晏婴《晏子春秋·内篇·问上》

【注释】①莅（lì）：监视、管理。

【译文】齐景公问晏子说："治理国家管理百姓，担心什么?"晏子回答说："担心的有三个方面：忠臣不讲信用，是第一方面；信用的人不忠心，是第二方面；君臣彼此怀有二心，是第三方面。因此明君处于上位，没有忠臣不讲信用，没有讲信用的人不忠心。所以君臣心中想法一致，百姓心中没有怨恨。"

（五）

【原典】

诚者，君子之所守也，而政事之本也。

——（战国）荀况《荀子·不苟》

【译文】诚实不欺，是君子所应当遵守的原则，也是处理国家大事的根本。

（六）

【原典】

非宽大无以兼覆，非慈厚无以怀众，非平正无以制断。

——（西汉）刘安《淮南子·主术》

【译文】心胸不宽广就不能广为容纳，不仁慈忠厚就不能招徕众人，不公平正派就不能决断政事。

（七）

【原典】

江海称其大者，以无不容。

——（三国魏）曹植《曹植集》

【译文】江海被称赞大的原因，是因为它无所不容。

（八）

【原典】

和以处众，宽以接下，恕以待人，君子人也。

——（北宋）林逋《省心录》

【译文】和谐地与众人相处，度量宏大地对待下级，宽容地对待别人，这就是君子。

（九）

【原典】

与人当宽，自处当严。

——（清）唐甄《潜书·取善》

【译文】 对待别人应当宽容大度，对待自己应当严格要求。

【国学常识】

儒生学子的必读书目

古代儒生最主要的教材，大家可能最熟悉的说法就是"四书五经"，其实这只是儒家教材的一部分而已。

织布机上的竖线叫作"经"，横线叫作"纬"。经线是固定不变的，所以"经"有了经典的含义。先秦时期，诸子百家的著作都有经的称呼，像《墨子》可以叫《墨经》。兵书、医书都可以称经，再后来道家、佛家的经典也可以称经。《庄子》里开始把儒家的六种典籍叫六经。先秦的儒家经典有六部：《诗》《书》《礼》《乐》《易》《春秋》。《诗》是周代诗歌总集，《书》是夏、商、周三代的历史文献，《礼》（《仪礼》）是周、鲁礼仪的记录，《乐》早已亡佚，《易》是上古占卜用书，《春秋》是鲁国的编年史。这个顺序是按照由浅入深的顺序编排。而《易》《书》《诗》《礼》《乐》《春秋》则是按照古人理解的产生年代排列。汉代只保留了五经，所以汉武帝只设立了五经博士。东汉时期增加了《论语》和《孝经》，称为七经。唐代出现九经的说法，在五经的基础上把三礼的另外两部《周礼》《礼记》、三传的另外两部《春秋公羊传》《春秋谷梁传》加进来，而《论语》《孝经》不在九经之列。唐文宗时又把《论语》《孝经》《尔雅》收进来，一共有十二经。宋代又增加了

五彩绘图铜版四书朱熹集注

《孟子》，凑成十三之数。清人又递增了《国语》《大戴礼记》《史记》《汉书》《资治通鉴》《说文解字》《九章算术》《周髀算经》，合称"二十一经"，但最基本的还是传统上最经常说的"十三经"。

"四书"的来历与南宋朱熹有关。他把《论语》《孟子》与《礼记》中选出的《大学》《中庸》合称为"四书"，并且朱熹为"四书"作了注释，最为关键的是明清两代，朱熹注释的"四书"成为科举考试的指定教材，一时间名气大涨，"四书"得以与"五经"并列，成为涵养人才的主要工具。

【国学故事】

楚庄王绝缨会

楚庄王是春秋五霸之一，在他当政时楚国发生内乱，平息后，庄王设宴庆功，犒赏有功将士。大臣们喝得痛快，楚庄王也高兴，便让自己的宠妃们给大臣斟酒。其中有一位宠姬名叫许姬，生得花颜月貌，国色天香，是楚国第一美人。正当妃子们挨着斟酒时，突然一股大风把烛火全都吹灭了，大殿上一片黑暗。众人不知所措，这时，许姬突然感到有人在黑暗中拉她的衣袖，摸她的手。许姬很生气，一把将那人头盔上的缨络抓了下来。许姬来到庄王面前悄声告状，说有人非礼她，她把那人的缨络拽了下来，只要稍后看看谁的头盔上没有缨络，谁就是非礼她的人。楚庄王听了，却对众人说："且将缨络取下，痛快畅饮！"大臣们不明白怎么回事，只好照做。等蜡烛点起，参加宴会的一百多人都已经拔掉了头盔上的缨络。

晚宴后，许姬十分生气地对楚庄王说："我代表您斟酒受到非礼，您却不加追究，难道您不顾君臣之礼、男女之别了吗？"楚庄王说："庆功宴本来该在白天举行，我晚上设宴招待大家，已经失礼了。大家喝多了，酒后失礼也属正常。我如果追查加以怪罪，将士们都会寒心！"后来，楚庄王出兵郑国。臣子唐狡请命，愿率百名壮士，作为全军先锋。他冲锋陷阵，拼命杀敌，很快击溃了敌军。后来楚庄王犒赏唐狡。唐狡说："三年前的宴会上，被许姬拽掉缨络的就是我。大王不杀不辱，我愿肝脑涂地，以报大王之恩。"

【现实启悟】

领导干部要宽诚待人

宽诚待人是中华民族的传统美德。北宋林逋说："和以处众，宽以接下，恕以待人，君子人也。"宽诚待人是君子的重要品格，也是君子为人处世的原则。鲍叔牙宽诚待管仲，才有了管鲍之交；蔺相如宽诚待廉颇，才有了将相和。

领导干部要做到宽诚待人，首先要严以修身、严以律己，将诚信作为立身、处世之本。俗话说"人而无信，不知其可也"，领导干部不讲诚信，更是无法取信于人。因此要诚心正意，心怀坦荡，做人有人品，为官有官德。其次还要心胸宽广、有容人之量。俗话说"将军额上能跑马，宰相肚里好撑船"，领导干部只有具备了海纳百川的度量，才能形成团结共事、开拓进取的工作氛围。要能容人之长，对有才能的人不嫉妒，欣赏别人的长处、见贤思齐。要能容人之短，对别人的缺点、不足容得下，能够宽容和接纳，给人改正的机会。

习近平同志在《之江新语》中指出："每个领导干部都要正确对待自己，正确对待同志，正确对待组织，对有些事要拿得起、放得下，豁达一些，做到严于律己，宽以待人，大事讲原则，小事讲风格，在合作共事中加深了解，在相互支持中增进团结，形成领导班子的整体合力。"领导干部做到宽诚待人，就能团结同事，吸引人才，凝聚人心，形成合力，共同开创事业发展新局面。

三、厚赏重罚是利器

（一）

【原典】

圣人设厚赏，非侈也；立重禁，非戾也。赏薄则民不利，禁轻则邪人不畏。设人之所不利，欲以使，则民不尽力；立人之所不畏，欲以禁，则邪人不止。

—— （春秋）管仲《管子·正世》

【译文】圣人设立丰厚的奖赏，不算是奢侈，施行严格的禁令，不算是暴戾。奖赏少，人民就得不到利益；禁令轻，恶人就不会畏惧。设立人们不能得到利益的奖赏，却要役使人们做事，人们一定不会尽力；设立人们不畏惧的禁令，想要禁止人们作恶，则恶人不会止步。

（二）

【原典】

赏则必多，威则必严。

—— （战国）商鞅《商君书·外内》

【译文】奖赏一定要多，刑罚一定要严。

（三）

【原典】

凡赏罚之必者，劝禁也。赏厚，则所欲之得也疾，罚重，则所恶之禁也急。

—— （战国）韩非《韩非子·六反》

【译文】 赏罚必须实行，奖赏是为了鼓励做好事，惩罚是为了禁止做坏事。奖赏丰厚，人们想要得到它的心情也迫切；惩罚严重，那么人们对禁止东西的厌恶也会急迫。

（四）

【原典】

积怠之俗，赏不隆①则善不劝，罚不重则恶不惩。

—— （东汉）王符《潜夫论·三式》

【注释】 ①隆：丰盛，丰厚。

【译文】 长期积累懈怠形成的习俗，奖赏不丰厚，善行就不会受到鼓励，刑罚不重，恶行就不会受到惩戒。

（五）

【原典】

赏重而信，罚痛而必，群臣畏①劝，竞思其职②。

—— （东汉）王符《潜夫论·三式》

【注释】 ①畏：敬服。

②职：职责、职守。

【译文】 奖赏丰厚而且守信用，惩罚严厉而且说到做到，这样群臣敬服，受到鼓励，就会争着去考虑如何做好本职工作。

（六）

【原典】

治国有二柄，一曰赏，二曰罚。赏者，政之大德也，罚者，政之大威也。

—— （西晋）傅玄《傅子·治体》

【译文】治理国家有两个权柄，第一是赏，第二是罚。赏，体现当政者的大德；罚，体现当政者的权威。

（七）

【原典】

夫赏贤使能，则民知其方；赏罚明必，则民不偷，兼聪齐明则天下归之。

—— （唐）魏徵等《群书治要·体论》

【译文】奖赏贤人使用能者，百姓就会知道努力的方向；赏罚严明，百姓就不会苟且，广闻博见就会天下归服。

（八）

【原典】

赏厚可令廉士动心，罚重可令凶人丧魄。

—— （唐）韩愈《论淮西事宜状》

【译文】奖赏丰厚能够使廉洁之士动心，处罚严重可以使恶人丧魂落魄。

（九）

【原典】

若政令修，纪纲肃，财用富，恩信给，赏罚明，将帅练习，士卒精锐，则四夷望风，自无他志。

——（元）脱脱等《宋史·吴育传》

【译文】 如果政令修明，法纪严肃，财物富足，恩德切实颁布，惩罚明确，将帅熟悉军阵，士兵精明干练，那么四夷就会望风归服，没有别的想法。

 【国学常识】

法术势结合的人才管理模式

韩非是法家的集大成者，在韩非之前的春秋法家主要有三位代表人物。一位是韩国的申不害，他强调"术"的作用。"术"指的是方法，主要是君主控制朝廷、驾驭臣下的方法。君主通过一些方法、手段对不同利益集团之间的关系进行制衡，使不同的大臣集团彼此牵制，又同时服务于君主，这就是所谓的帝王之术。另一位是到秦国任职的商鞅，他强调"法"。商鞅主张严刑峻法，有功则赏，有过必罚，使功过无

云梦秦简拓片。湖北云梦睡虎地出土秦墓竹简中有秦的法律条文以及解释律文的问答

一脱漏。第三位是赵国的慎到，他强调"势"，"势"就是权势。慎到主张君主要有威权，可以控制臣下，推行"法"、实施"术"。韩非强调"法""术""势"相结合，成为战国时期法家的代表人物，这一套思想也成为历代统治者统领下属的核心方法。

【国学故事】

信赏必罚的曹操

曹操治官治军以严于执法、赏罚分明闻名。他任洛阳北部尉时，造五色棒，凡违法犯禁者，就用五色棒打杀，令京师附近的不法之徒闻风丧胆，销声匿迹。任济南相时，所辖十多个县，官吏争相攀附皇亲贵族，并以此为靠山，贪赃枉法。曹操上书朝廷，力主严惩，罢免了几个官员后，其他官员大大收敛，贪污腐败明显好转。

曹操治军慎于刑罚而重于奖赏。曹操曾在他起兵十九年之后，追忆跟随他南征北战的下属，特地颁布了《封功臣令》，大封功臣二十多人。215年，曹操亲率大军进攻张鲁，道路险恶，条件恶劣，曹操感念将士劳苦，便犒赏三军，将士们为之振奋，忘掉了疲劳。这年冬天，曹操又设置五大夫爵位，用来奖赏有战功的将士。

当然，对于战败的将士也毫不手软，曹操一改奖功不罚罪的现状，颁布了《败军令》，规定："诸将出征，败军者抵罪，失利者免官爵。"即使他本人触犯禁令也要抵罪。有一次，他率军经过一片麦地，命令士卒不要损坏麦田，否则处以死罪。战士们都小心谨慎地经过。曹操本人的马却突然受惊驰入麦地，他便令主簿治自己的罪。

【现实启悟】

要善用赏罚之道

古人云："赏罚分明，治之材也""事将为，其赏罚之数必先明之。"说的是赏罚是国家治理的前提和基础。诸葛亮说："国家大事，唯赏与罚。赏当其劳，无功者自退。罚当其罪，为恶者咸惧，则知赏罚不可轻行也。"治理国家，最重要的事情就是赏罚分明，论功行赏，据罪处罚。赏罚公正，自然可激励人们去恶从善；赏罚不公，必然会造成人心涣散。凡赏罚分明则国治，凡赏罚不明则国衰。揆诸历史，确乎如此。党的十八大以来新一届中央领导集体，以猛药去疴、重典治乱的决心，以刮骨疗毒、壮士断腕的勇气，以"零容忍"的态度坚决惩治腐败，坚持"老虎苍蝇一起打"，发现一个坚决查处一个。据中国经济网统计，截至 2015 年 10 月初，党的十八大后全国已有 79 名省部级以上官员落马，其中副国级及以上官员 4人，"苍蝇"更是难以计数，既震慑了贪腐，又大快了民心。从严治党，从严治军，从严赏罚，我们的党才会更加富有活力，我们的国家才能实现公平正义，我们的人民才会更加满意。

赏罚分明得当，是古今中外一切用人者的根本原则。领导干部要赏罚分明，所谓"爱人不私赏，恶人不私罚"，赏罚切莫随心所欲、滥赏滥罚，务必公平公正，营造宽严相济、刚柔并重的良好氛围，如此才能激励干部尽职尽责。

四、恩与威的妙用

（一）

【原典】

以八柄诏王驭群臣：一曰爵，以驭其贵。二曰禄，以驭其富。三曰予，以驭其幸。四曰置，以驭其行。五曰生，以驭其福。六曰夺，以驭其贫。七曰废，以驭其罪。八曰诛，以驭其过……凡治，以典待邦巩之治，以则待都鄙之治，以法待官府之治，以官成待万民之治，以礼待宾傧其疚。

——战国《周礼·天官·冢宰》

【译文】 用八种权柄辅助王统御群臣：第一是授予爵位的权柄，以使臣尊贵；第二是授予俸禄的权柄，以使臣富有；第三是赐予的权柄，以使臣得宠幸；第四是安置官吏的权柄，以劝励臣下的贤行；第五是赦免死罪的权柄，以使臣得免死之福；第六是剥夺的权柄，以使臣贫穷；第七是废黜的权柄，以惩罚罪臣；第八是诛杀的权柄，以使罪臣遭祸……凡治理天下，用六典治理天下各国，用八则治理王畿，用八法治理官府，用官府的成规治理民众，用宾礼接待宾客。

（二）

【原典】

威严猛厉而不好假①道②人，则下畏恐而不亲，周闭③而不竭④。

——（战国）荀况《荀子·王制》

【注释】①假：宽容。

②道（dǎo）：诱导。

③周闭：隐瞒。

④竭：尽情相告。

【译文】统治者威严猛厉却不善于宽容诱导百姓，那么下面的人就只知道畏惧君主而不会亲近君主，隐瞒真情而不尽情相告。

（三）

【原典】

其威不威则不足以禁也，其利不利则不足以劝也，故贤主必使其威利无敌，故以禁则必止，以劝则必为。

——（战国）吕不韦《吕氏春秋·壹行》

【译文】权势不能使人感到威严，就不足以禁止人们作恶；利益不能给人以好处，就不足以鼓励人们行善，所以贤明的君主一定要使自己的威势和给人民的利益都无可匹敌。这样，禁止某事，人们就一定住手；鼓励某事，人们就一定去做。

（四）

【原典】

张重利以诱民，操大威以驱之，则举世之人，可令冒白刃而不恨，赴汤火而不难。

——（东汉）王符《潜夫论·明忠》

【译文】设置丰厚的利禄来诱导百姓，用至高无上的威严来驱使百姓，这样全天下的人都可以冲锋陷阵，而没有遗憾，赴汤蹈火而不为难。

（五）

【原典】

宠之以位，位极则贱，顺之以恩，恩竭则慢。所以至弊，实由于此。

——（三国蜀）诸葛亮《答法正书》

【译文】用官位来提升官员的地位，当官位到了极限时就变得低贱；用恩惠来顺从官吏的心意，当恩惠施尽时就变得傲慢。之所以形成这最大的弊端，确实是由这种做法造成的。

（六）

【原典】

赏善罚恶，威恩并行。

——（西晋）陈寿《三国志·吴书·周鲂传》

【译文】奖赏善行，惩罚恶行，恩德与威权一起使用。

（七）

【原典】

太宗谓魏徵曰："比来所行得失政化，何如往前？"对曰：若威之所加，远夷朝贡，比于贞观之始，不可等级而言。若德义潜通，民心悦服，比于贞观之初，相去又亦甚远。

——（唐）吴兢《贞观政要·纳谏》

【译文】唐太宗对魏徵说："近来施行的政治教化，和以前相比怎么样？"魏徵回答说："如果说到恩威并重，四夷来朝拜进贡，比起贞观初年，不可同日而语。但如果说到德义的潜移默化、百姓心悦诚服，比起贞观初年，就相差太远了。"

（八）

【原典】

所用之人，各有职掌，恩威并著，无不钦服。

—— （明）冯梦龙《喻世明言》

【译文】所任用的人，各自有各自的守则，恩赏、惩罚并用，没有谁不钦佩、服从的。

（九）

【原典】

慈不掌兵，慈者，仁爱之士，若为仁爱，则无威严，然兵无令不行，将无威则乱，故掌兵者必威大于慈，若能恩威并济乃是最佳人等。

—— （明）佚名《增广贤文》

【译文】心地仁慈就不能统帅军队，仁慈的人拥有仁爱之心，如果一味仁爱，就没有威严。可是军队没有命令就不能行动，将领没有威严就会造成混乱，所以统领兵权的人威严一定要超过仁慈，如果能够做到恩威并济就是最好的人选了。

【国学常识】

引领唐宋文学改革的"八大家"

历代的文人士子既是前代文明的继承者，也是后代文明的推进者。任何一个学科、任何一个领域都需要有杰出人才出现领袖群伦，就像造纸术需要蔡伦、印刷术需要毕昇、中药学需要孙思邈、农学需要贾思勰一样，在自己工作的领域继往开来，文学创作领域也是如此。

汉魏以后，文学创作逐渐形成一股风气，强调对偶、声律、平仄，讲究铺陈、用典，辞藻华丽，语句多以四字、六字为主，又称四六文、骈体文。这种文风兴于汉，历经魏晋南北朝、隋。骈体文风符合汉民族讲究平稳对称的审美特征，但是对于主题思想的表达也构成一种形式上的束缚，唐代文风改革已经势在必行。韩愈、柳宗元首先强调文学创作要多学习先秦两汉的古文，形式上以散文为主、务去陈言，内容上要文以载道、注意养气。二人在实践上创作了大量作品作出表率，成为古文运动的开拓者。宋代一批文学家继承了韩、柳二人的创作主张，继续古文创作，主要人物有欧阳修、王安石、曾巩、苏洵、苏轼、苏辙。明朝初年，朱右选取韩愈、柳宗元等人的文章编成《八先生文集》。明朝中叶，唐顺之编纂《文编》，唐宋文也仅取这八家。明末，茅坤编《唐宋八大家文钞》160卷，此书在旧时流传甚广，"唐宋八大家"也随之确立，历代治古文者皆以唐宋八大家为宗。

【国学故事】

雍正恩威并施慑群臣

古代帝王为了巩固帝位，树立威望，往往采用恩威并施的手段。雍正皇帝更是善用此道。雍正即位之初，隆科多因为传遗诏立下大功，被任命为吏部尚书兼步兵统领；第二年兼管理藩院事，赐太保加衔，双眼孔雀花翎、四团龙补服、黄带等，恩宠一时无二。另一位拥立有功之臣年羹尧，被提升为川陕总督，独揽西北的军事指挥权。后来年羹尧平定青海叛乱，立下大功，被雍正封为一等公，赐予官宅、家奴、钱财无数。有一次，雍正吃荔枝时想到远在西安的年羹尧，不顾路程遥远，传令驿站传送，且要想尽办法力争保存鲜美。

清代亲王官服上的团龙补服

但年羹尧、隆科多居功自傲，专横跋扈，文武百官都不放在眼里，对雍正皇帝恭敬也不如前，遭到群臣揭发。雍正三年（1724 年），年羹尧被劾成九十二条大罪。先被贬为杭州将军，随后被令自裁，株连到亲族、同党等众人。雍正五年（1727 年）十月，隆科多因私藏玉牒罪被审，被合议共犯四十一条大罪，雍正下旨将其永远圈禁，家产全部没收交公，两个儿子也受到处分。雍正恩威并施，达到了收拢人心、震慑群臣的目的。

【现实启悟】

"恩威并重"增强团队凝聚力

恩德武威同时并用是古代君王、将帅统御谋略之一，施恩德以收人心，用武威以慑群臣，从而使栋梁之材"宠而不骄，骄而能降，降而不憾，憾而能眕"。虽然"恩威并济"带有浓厚的封建时代色彩，但如果吸取其精髓，加以巧妙转化利用，则能起到意想不到的效果。

　　所谓"恩"就是要以人为本，对下属多一些人文关怀。古有吴起为士卒吮吸脓血，项羽为士兵受伤痛哭流涕，勾践伐吴之前还能把身为独子的士兵简拔在外，霍去病把皇帝的赐酒倒进泉水中与士卒共饮，这些颇具人文关怀的行为都能感动下属，使得人拼死出力。因此要真诚地关心下属，使了解他们的所思所想，解决他们的燃眉之急，创设良好的工作平台，力所能及地为他们排除障碍，使他们没有后顾之忧，身心愉悦地生活工作。

　　但如果仅有"恩"，领导和下属完全打成一片，即使下属犯了错，也出于好人主义，不愿批评、不敢批评，就会没有了威严。领导没有了威严就会削弱执行力，令不行，禁不止，表面看似一团和气，实则一盘散沙，所以领导还要有威严的一面。古人说："若为仁爱，则无威严，然兵无令不行，将无威则乱，故掌兵者必威大于慈，若能恩威并济乃是最佳人等。"因此还要纪律严明、依法依规办事，下属犯错时，就要照章行事，该批评批评，该处理处理，绝不偏袒。

五、担责不抢功

（一）

【原典】

万物作焉而不辞，生而不有，为而不恃，功成而弗居。夫唯不居，是以不去。

——（春秋）老子《道德经》

【译文】万物兴起而不推辞，生长万物却不用占有，有所作为却不作为倚仗，建成功业却不居功。正因为不居功，所以功业才不会离开他。

（二）

【原典】

上善若水。水善利万物而不争，处众人之所恶，故几于道。

——（春秋）老子《道德经》

【译文】最高的善就像水一样，水能滋养万物却不与万物争夺，它处在人们都不愿意待的地方，所以接近于道。

（三）

【原典】

老聃曰："明王之治，功盖天下而似不自己。"

—— （战国）庄周《庄子·应帝王》

【译文】老子说："贤明的君主治理天下，他的功劳超过天下人，但他们却认为功劳不像是自己的。"

（四）

【原典】

留侯张良，奇谋辅世，玄算入微，济生民之命，恢帝王之略，功成而不居，爵厚而不受。

—— （东汉）桓宽《后汉纪·孝顺皇帝纪》

【译文】留侯张良，用出色的计谋辅助当世君主，计算精微，拯救百姓的生命，弘扬帝王的谋略，功业成就而不居功，丰厚的俸禄也不享受。

（五）

【原典】

典好学问，贵儒雅，不与诸将争功。敬贤士大夫，恂恂若不及，军中称其长者。

—— （西晋）陈寿《三国志·魏书·李典传》

【译文】李典喜好学习求教，看重儒生雅士，不和别的将领争夺功劳。他尊敬贤士大夫，温顺恭谨好像自己比不上别人，军队中都把他叫作长者。

（六）

【原典】

（冯）异为人谦退不伐①，行与诸将相逢，辄引车避道。进止皆有表识，军中号为整齐。每所止舍，诸将升坐论功，异常独屏树下，军中号曰"大树将军"。及破邯郸，乃更部分诸将，各有配隶。军中皆言愿属大树将军，光武以此多之。

————（南朝宋）范晔《后汉书·冯异传》

【注释】 ①伐：夸耀。

【译文】 冯异为人谦虚从不炫耀自己，走在路上遇到别的将领，就掉转车头避开。行为进退都好像有标记似的，他带领的军队号令严明、军容整齐。每次军队驻扎，大家坐下来讨论各自的战功，而冯异经常一个人坐在大树下不去参与，将士称呼他为"大树将军"。等到攻破邯郸，调整将领时，士兵都说愿意追随大树将军，光武帝因此而赞美他。

（七）

【原典】

君子不念旧恶，旧恶害德也。小人存隙必报，必报自毁也。和而弗争，谋之首也。

————（南朝梁）王通《止学》

【译文】 君子不会记得别人过去的恶行，只记得别人的恶行会妨害自己的德行。小人有一点儿矛盾就会报复，报复别人就是自我毁灭。与人和善、不与人争夺，这是谋虑首先要考虑的。

建安风骨

建安是汉献帝的年号，从 196 年始到 220 年止。此时文坛上活跃的人物有三曹（曹操、曹丕、曹植）、七子（孔融、陈琳、王粲、徐干、阮瑀、应玚、刘桢），还有祢衡、杨修、蔡琰等人。这个时期，正逢东汉末年，军事上，黄巾起义摧毁了东汉的皇权统治，豪强军阀群雄割据、逐鹿中原；政治上，宦官外戚专权，社会动荡、连年战乱，百姓生活困苦、流离失所。曹氏集团逐渐统一北方，广

东晋顾恺之根据曹植作品《洛神赋》所绘《洛神赋图》局部

泛招揽人才，形成建安文学的文化基础。这批文人怀有崇高的政治理想和济世抱负，力图解救困苦中的人民，实现清平政治。他们的文学创作继承了汉乐府的现实主义传统并继续发扬，形式上一方面继承《诗经》的四言的传统，创作了许多四言诗的名篇，另外还积

极探索诗歌革新，多写五言诗，使思想情感的表达更加灵活、舒畅，内容多能反映战乱给人民造成的痛苦和救世济民的思想。风格慷慨悲凉、明朗刚健，形成中国文人诗歌创作的第一次高潮，《文心雕龙·时序》说："观其时文，雅好慷慨，良由世积乱离，风衰俗怨，并志深而笔长，故梗概而多气也。"后世的文学批评总起来称为"建安风骨"，代表作品有曹操的《薤露行》《蒿里行》、王粲的《七哀诗》《登楼赋》、陈琳的《饮马长城窟行》等。

 【国学故事】

勇于承担责任的秦穆公

春秋时期，秦国和晋国是友好国家，晋文公在世的时候，秦穆公承认晋文公诸侯霸主的身份。晋文公去世以后，秦穆公觉得自己应该担负起霸主这份重担，从而导致秦晋失和。秦穆公派遣孟明视、西乞术、白乙丙做元帅，率领大军进攻晋国。晋军方面由于晋文公刚刚驾崩，斗志旺盛，结果崤山一战，秦军大败，三位元帅被俘。本来晋襄公要杀掉三人，幸亏晋襄公的母亲文嬴（即晋文公的夫人，是秦穆公的女儿）救下了三个人。三人回到秦国，秦穆公深深自责，认为战场失利是由于自己没有听蹇叔和百里奚的话一意孤行所致，完全是自己的责任过失，丝毫没有怪罪孟明视三人，而是激励他们不忘耻辱，奋起再战。后来孟明视二次出师仍然败北，秦穆公主动承担责任，继续任用他。孟明视一改以往的轻敌与自负，认真总结反思自己的指挥才能、训练方法。经过多年的准备，第三次领兵伐晋。渡河的时候，孟明视下令焚毁全部渡船，自己亲任先锋，打得晋军闭门不敢应战。秦军一路势如破竹，捷报频传，很快收复失地。秦穆公亲自来到崤山，将上次崤山之战阵亡将士的尸骨埋好，举行隆重的祭奠仪式，将胜利归功于将士，让他们也来分享胜利的喜悦。

领导干部要不争功、不诿过

任何一项工作的完成、一份成绩的取得，都非一人之力、之劳，而是团队协同的结果，是集体智慧的结晶。比如，一次战役的胜利，其中包括了将军的运筹帷幄、士兵的冲锋陷阵，还包括装备部门的生产、后勤部门的物资供应，人民群众的支持等。同样一个工程的顺利竣工、一项尖端课题的攻克，无不凝聚着团队所有成员互助合作的心血。也许历史记住的只有将军、带头人，但集体成员每个人的付出都是不能抹杀的，要记住耀眼的光环背后还有着无数的幕后英雄。领导干部要充分认识并时刻牢记这一点，取得成绩欣喜之余，摆正心态，树立"功成不必在我"的心态，做到荣誉面前不居功、不自傲，利益面前不计较。

一个好干部还要做到责任面前不推卸。金无足赤，人无完人，工作中出现失误和错误，也是常有之事，但有些领导很怕犯错误，一旦工作出现纰漏，便百般辩解。更有甚者，一旦出事或推诿给下属，或极力掩饰，把自己"择"得一干二净。如果任由这种不愿负责、不敢负责的风气蔓延，领导干部的威信何在？何以"率下"干事创业？古人说："为官避事平生耻。"为官从政就要敢于担责、敢于任事，这也是为政之德的基本要求。

第九篇 考课奖惩

对干部队伍进行考核是保证队伍保持纯洁、活力和创造力的有力措施。历代统治者也都认识到这一点，认为吏治是否清明、天下是否得治，与能否对官员实行认真的考核与奖惩，是密不可分的。所以历代都极为重视官吏考核。从原始考课法到唐朝的"四善"和"二十七最"，逐步形成了一整套考核官员的制度和方法，考核的法律规制一步步发展完备。考核内容涉及官员的履职情况、社会安定、经济发展情况等各个领域，主要对官员的德、行、能、廉等内容进行考核。既注重实际业绩，像开垦土地、劝民桑、举荐人才、兴办教育、移风易俗等，又注重对官吏道德才能的评判，注重对官员名声口碑的考察。总的来说，古代的考核实践始终建立在德绩结合的功绩制基础上，最终形成了以德绩为主、年资补充的考核特点。借古鉴今，我们今天在对领导干部进行考核评价时，不仅要看经济指标，更要看社会效益指标，既要看政绩，也要看名声，力求全面地考准、考实。

古代考课伴随着相应的奖惩制度。古代根据官员考核情况，按照明文规定严格实行奖惩，决不走过场，考核上等的升迁，中等的保留现职，下等的就要贬斥、淘汰、处刑等，将政绩好坏与官员的官职与阶品的升降、俸禄的增减等利益结合起来，严格兑现落实。建立严格的考课奖惩制度，是我国古代整顿、改善吏治，惩恶扬善的一项重要措施，也是激励官吏奋发向上的有效措施，保证了封建官吏队伍较高的行政效率。这些有益做法为我们今天的领导干部考核评价机制的建立和完善提供了借鉴。考必严，优必奖，劣必罚，如此方能激励督促领导干部干事创业、真抓实干，不敢有丝毫马虎、懈怠，锤炼出一支政治坚定、能力过硬、作风优良、奋发有为的干部队伍。

一、吏治清明在考课

（一）

【原典】

三年则大比①，考其德行道艺，而兴贤者能者。

——战国《周礼·地官·司徒》

【注释】①大比：周代每三年对乡吏进行考核，选择贤能。

【译文】每三年举行一次大比，考校官员的品德、行为、才艺，但能够举荐贤才的官员可免于考核。

（二）

【原典】

考试之法：大者缓，小者急；贵者舒，而贱者促。

——（西汉）董仲舒《春秋繁露·考功名》

【译文】考核的方法：大官，慢一些，小官，快一些；地位高的松一些，地位低的紧一些。

（三）

【原典】

诸侯月试其国，州伯时试其部，四试而一考；天子岁试天下，三试而一考，前后三考而绌①陟，命之曰计。

—— （西汉）董仲舒《春秋繁露·考功名》

【注释】 ①绌（chù）：贬退、排斥。

【译文】 诸侯每个月都要考察封国，州里长官每个季节都要考察自己的属地，测试四次就实行一次考核，天子每年测试天下，三次测试考核一次，前后考核三次再决定是贬官还是升职，把这种考察叫作计。

（四）

【原典】

屡省考绩，以临臣下，此人君之操也。

—— （西汉）刘向《说苑·君道》

【译文】 常常察看并考核大臣的政绩，借此监督下级官员，这是国君应当掌握的本领。

（五）

【原典】

世主不循①考功而思太平，此犹欲舍规矩而为方圆，无舟楫而欲济大水。

—— （东汉）王符《潜夫论·考绩》

【注释】 ①循：遵守，通过。

【译文】世上的君主不遵守考核官员政绩的制度却想天下太平，这就如同舍弃圆规画圆、不用矩尺做直角，如同没有船和船桨想渡过大河一样。

（六）

【原典】

知贤之近途，莫急于考功。功诚考则治乱暴①而明，善恶信则直贤不得见障蔽，而佞巧不得窜②其奸矣。

        ——（东汉）王符《潜夫论·考绩》

【注释】①暴：暴露。

    ②窜：隐藏。

【译文】了解官员是否贤能的捷径，没有什么比功绩考核更直接的了。切实考核，那么他治理得好坏就表现得很清楚；善恶考核明确，那么正直贤能之士就不会被掩盖，而奸佞巧诈之徒也无法隐藏他的坏事了。

（七）

【原典】

治天下者，尊贤考功则治，简①贤违②功则乱。

        ——（东汉）班固《汉书·谷永传》

【注释】①简：怠慢，不尊重。

    ②违：违背，违反，这里指不考功。

【译文】治理天下的君主，能尊崇贤能、考核功绩，天下就会治理得好；怠慢贤能又不考核功绩，国家就会大乱。

（八）

【原典】

大才之人，率多侈纵，无实是之验；华虚夸诞，无审察之实。

—— （东汉）王充《论衡·案书》

【译文】 才能出众的人，大多言语夸大、行为放纵，不能接受实际情况的检验；外表空洞的华美、言过其实的虚妄，不能接受事实的考验。

（九）

【原典】

日观其德，月课其艺，贤邪非一时之贤，久居而不变，乃其贤也；能邪非一时之能，历试而如一，乃其能也。

—— （北宋）李觏《安民策十首》

【译文】 每日观察他的德行，每月检验他的才能，贤也不是贤在一时，长时间保持贤不改变，才算是真的有贤德；能也不是能在一时，多次检验始终能够如一，才算是真的有才能。

（十）

【原典】

严考课①之法，审名实之归。

—— （明）张居正《陈六事疏》

【注释】 ①课：考核督察。

【译文】 严明考核督察的制度，审验官员的名声与实绩是否相称。

【国学常识】

体制内的"三等九级"

古代统治者为了突出皇权至上的权威，卓有成效地控制各级官员，主张"明主治吏不治民"，推行"申之以宪令，劝之以庆赏，振之以刑罚"的官员管理原则，在不断总结历史经验的基础上逐步建立了官员政绩考课制度，也称考绩、考核、考查等，定期对在职官吏的政绩和过失进行考核。各个朝代的考课制度内容也不完全相同。考课制度始创于西周，《尚书》中就有"三载考绩，三考，黜陟幽明，庶绩咸熙"的说法，到战国渐渐成形并初具规模，历经秦汉、唐宋、明清逐渐形成了一套较为完整的官吏政绩考课制度体系，考课主体包括京官、地方官，考课期限大多是三年一考核，三考算一任；考课方法包括述职、自查等；考课内容各朝代不同，像唐朝的四善二十七最、宋代的四善三最之法等，涉及任职的方方面面，无一缺漏。考核以后要确定等级，或分上、中、下等级，或分为称职、勤职、供职等等次，梯次非常分明，用以决定升迁黜罚。科学总结中国古代官员考课制度，对于完善今天的干部考核制度仍有借鉴意义。

【国学故事】

张居正考成法责吏治

张居正（1525—1582），字叔大，23 岁就被选为翰林院庶吉士，深得明穆宗信任和重视，穆宗重病之际，遗命张居正为三大辅政大臣之一。万历初年，神宗年幼，张居正出任首辅，主持一切军政大事。当时的明朝内忧外患，危机四伏，吏治腐败、经济萧条、军备废弛，面临着亡国的危险。张居正认为"吏治不清"是导致朝野政治腐败、民不聊生的主要原因。1573 年，他推行"考成法"，开始整顿吏治。

"考成法"规定评判官吏政绩好坏的标准以"安静宜民者"为上，"沿袭旧套虚心矫饰者"为下。其方法是逐级考核，以吏、户、礼、兵、刑、工六科考核督促六部，以六部督促诸司以及地方抚、按，再以内阁控制六科。这样内阁就掌握了对各级官吏的监察大权。如果哪一级不如实考核、出了问题，则上级部门秉公汰黜。此外还建立稽查制度，以对六部、都察院等具体行政衙门实施随时考核、事事责成。这一严密而完整的考核制度，使得"纪纲法度莫不修明"。考成法实施后，很快就起到了作用，提高了官员办事效率，有

张居正为明神宗所编的教科书《帝鉴图说》中的插图

效遏制了贪污腐败，官场风气明显好转，使濒临灭亡的明朝出现了回光返照的最后一抹辉煌。

【现实启悟】

从严考核，从严治吏

我们党历来高度重视吏治。毛泽东在新中国成立之初就告诫全党："治国就是治吏，礼义廉耻，国之四维；四维不张，国将不国。"习近平同志曾在全国组织工作会议上深刻指出，党要管党，是要管好干部；从严治党，关键是从严治吏。要把从严管理干部贯彻落实到干部队伍建设全过程，坚持从严教育、从严管理、从严监督。

"从严治吏"是一项系统工程，涉及各个环节，包括各个方面，严格教育、严格培养、严格选拔、严格考核、严格监督等，无论哪一环节，都必须贯彻一个"严"字，坚持严字当头，才能取得实效。

中组部印发的《关于改进地方党政领导班子和领导干部政绩考核工作的通知》，进一步突出科学发展导向，更加注重劳动就业、居民收入、社会保障、人民健康状况等民生指标；考核更加全面，既看显绩又看潜绩；实行责任追究制、一追到底等，树立了良好的用人导向，起到了激励约束作用。在具体实施中要严格执行，着力在"严"上下功夫、动真格，让各级领导干部不敢懈怠。要进一步细化相关规定，不断探索改进方式方法，充分尊重民意，重视百姓口碑，扩大考核民主等，真正用好制度、好方法考出好干部，使为百姓干事的好干部在考核中脱颖而出，真正受到重用，"不作为""乱作为"的干部在考核中暴露出来，照章受到惩戒，营造风清气正、干事创业的政治生态。

二、看政绩也要看名声

（一）

【原典】

吏有五善：一曰中①信敬上，二曰精②廉毋谤，三曰举事审当，四曰喜为善行，五曰龚③敬多让。五者毕至，必有大赏。

——战国《云梦秦简》

【注释】　①中：通"忠"。

　②精：当作"清"。

　③龚：当作"恭"。

【译文】　官吏有五善：一是忠心诚信敬重天子，二是精心廉正不议论他人，三是做事清楚稳妥，四是喜欢做好事，五是对人恭敬讲究谦让。五条都能实现，一定会受到丰厚的奖赏。

（二）

【原典】

弊群吏之治：一曰廉善，二曰廉能，三曰廉敬，四曰廉正，五曰廉法，六曰廉辨。

——战国《周礼·天官·冢宰》

【译文】制止官员流弊的措施：一是考察善行，二是考察能力，三是考察敬业，四是考察正直，五是考察法律，六是考察明辨。

（三）

【原典】

三月为楚相，施教导民，上下和合，世俗盛美，政缓禁止，吏无奸邪，盗贼不起。秋冬则劝民山采，春夏以水，各得其所便，民皆乐其生。

——（西汉）司马迁《史记·孙叔敖列传》

位于安徽寿县博物馆的孙叔敖铜像

【译文】孙叔敖担任楚国丞相三个月，实施教化引导百姓，上下和睦，风俗淳美，政治宽松禁令不行，官吏不做奸邪的事，盗窃杀人事件停歇。秋冬季节鼓励百姓到山上采收果实，春夏二季到水边收获水产，官民各得其所，百姓安居乐业。

（四）

【原典】

汉兴之初，反秦之敝，与民休息①，凡事简易，禁罔②疏阔，而相国萧、曹以宽厚清静为天下帅。

—— （东汉）班固《汉书·循吏传》

【注释】①休息：休养生息。
②罔：通"网"。

【译文】西汉建国之初，废除秦朝的弊政，让百姓休养生息，安排事务一切从简，国家禁令宽松，相国萧何、曹参都宽厚清静，为天下人作出表率。

（五）

【原典】

伏波①好功，爰自冀、陇。南静骆越②，西屠烧种③。徂④年已流，壮情方勇。明德既升，家祚以兴。

—— （南朝宋）范晔《后汉书·马援传论》

【注释】①伏波：指伏波将军马援。
②骆越：古种族名，在今云南、贵州、广西之间。
③烧种：西部边地民族的名称。
④徂（cú）：流逝。

【译文】马援喜欢战场立功，出身冀州、秦陇，向南安定骆越，向西屠灭烧种。年纪老迈，豪壮的情绪才刚刚涌出。优秀的品德已经显现，家族也因此而振兴。

（六）

【原典】

循名责实，察言观效。

——（南朝宋）范晔《后汉书·王堂传》

【译文】根据他的名声要求有与之一致的实际能力，仔细考察他的言论来对照实际效果。

（七）

【原典】

夫设位以崇贤，疏爵以命士，上量能以审官，不取人于浮誉，则比周道息，游者言归。

——（南朝齐）沈约《宋书·袁湛传附袁豹传》

【译文】设立官位来尊崇人才的地位，分封爵位来任命贤士，君主估量才能明确授任官职，而不是根据人虚浮的名声。于是到处结党串联的行为没有了，游谈无根的人都回归了正途。

（八）

【原典】

凡考课①之法有四善：一曰德义有闻，二曰清慎明著，三曰公平可称，四曰恪勤匪懈。

——（唐）唐玄宗《唐六典·尚书吏部》

【注释】①考课：考核。

【译文】考核官吏的方法有四个好处：一是重视德义，有好的名声；二是清正谨慎，成绩显著；三是公正公平，受人称赞；四是恪守本职，永不懈怠。

（九）

【原典】

按贤察名，选才考能，名实俱得之也。

—— （唐）马总《意林·太公六韬》

【译文】核实人的贤能与名声，选拔人才考核能力，名气、实情都得掌握。

 【国学常识】

连中"三元"

清代的科举取士分为三级考试，即乡试、会试和殿试，乡试的第一名称"解元"，会试的第一名称"会元"，殿试的第一名称为"状元"，合称"三元"。接连在三级考试中都考取第一名，称为"连中三元"。"连中三元"出自明代冯梦龙《警世通言》卷十八"论他的志气，便像冯京商辂连中三元，也只算他便袋里东西，真个是足蹑风云，气冲斗牛。"连中三元对于科举制度下的古代读书人来说，是梦寐以求的愿望和毕生追求的最高荣誉。几千年来古代所有读书人获得过这一称号者也寥寥无几。据统计，自隋唐至清一千余年中，"连中三元"者仅十八人。

【国学故事】

声名狼藉的数学家

秦九韶是南宋著名数学家，著有《数书九章》，其中，中国剩余定理和秦九韶算法（高次方程正根的数值求法）享誉世界，在人类数学发展史上作出了重要贡献，肯定是个才子。可惜，其品行却是"暴如虎狼，毒如蛇蝎，非复人类"，因其才名及官宦出身，且其本身不仅在数学上颇有造诣，在断狱等方面也有建树，所以屡有任命。但他平日为霸一方，鱼肉百姓，为非作歹，又被多次夺去官职。有一次，秦九韶被他的儿子惹恼了，秦九韶竟设计了毒死、用剑自裁、溺死三种方式，并让一名部下选一种方式杀死儿子。部属心有不忍，偷偷放走了儿子，秦九韶得知后，气急败坏，重金悬赏，满世界追杀儿子和这名手下。有一年夏天，秦九韶和宠妾夜晚在院子里亲热，被一名出来取水的仆人撞见，他便认为仆人故意窥探他的隐私，便以偷盗罪将仆人押至官府，要求判其黥面流放。地方官觉得罪不至此，没有按照秦九韶的要求判决，秦九韶竟怀恨在心，企图将地方官毒死。据当时记载，秦九韶"多蓄毒药，如所不喜者，必遭其毒手"。其残忍的一面实在令人震惊，同乡和同僚评价他"不孝、不义、不仁、不廉"，实属"差评中的差评"。

【现实启悟】

干部考核要看"口碑"

"政声人去后，民意闲谈中"对领导干部的考评要多参考民声民意。习近平同志在浙江舟山考察调研时，同舟山定海区新建社区村民座谈时说，人民群众对美好生活的追求就是我们党的奋斗目标。金杯银杯不如老百姓的口碑。"干部好不好不是我们说了算，而是老百姓说了算。"

干部怎么考？习近平的这番话为我们指出了方向。干部好不好，不能"只唯上"，只唯"数字"，要倾听老百姓的意见，以百姓口碑作为考评干部的标准。

以百姓口碑考评干部，有其合理性。"知屋漏者在宇下，知政失者在草野"，领导干部谁干得好，谁干得不好，谁是真心为百姓干事，谁是作秀装样子，百姓一目了然。所以，要多听百姓的心声，多听百姓的反映，百姓评价不高、口碑不好的，在晋升提拔时应慎重考虑或不予考虑，该处理就处理，该下岗就下岗。

以百姓口碑来考评干部，就能杜绝只围着上级转、沉不下身来干事的现象，就不会出现只搞"形象工程""政绩工程"，不顾地方发展和群众利益的现象，进而督促领导干部真正把百姓放在心上，沉下身来干事创业，"为百姓服务"就不再只是一句空话。

以百姓口碑来评考干部，就要看"为官一任"为百姓做了哪些实事，真正留下些什么。以百姓口碑考评干部，树立干部政绩考核的鲜明导向，必然会打造出一支"信念坚定、为民服务、勤政务实、敢于担当和清正廉洁"的干部队伍来。

三、考课必求实

（一）

【原典】

循名而督实，按实而定名。名实相生，反相为情。名实当则治，不当则乱。

—— （春秋）管仲《管子·九守》

【译文】根据官员的职务名分来考察其实际才能，又根据实际才能来确定他的职务名分。职务名分与实际才能相互对应而产生，反过来又互为证明。职务名分与实际才能相符，国家就能治理好，不相符就会出现祸乱。

（二）

【原典】

考试之法，合其爵禄，并其秩，积其日，陈其实，计功量罪，以多除少，以名定实，先内弟之，其先比二三分以为上中下，以考进退，然后外集，通名曰进退，增减多少，有率[1]为弟[2]，九分三三列之，亦有上中下。

—— （西汉）董仲舒《春秋繁露·考功名》

【注释】①率（lǜ）：比率。

②弟：此义今天多写作"第"，顺序。

【译文】考核的方法：联系官员的爵位、俸禄，连同他的品秩，积累任职的时间，陈述事实，计算功绩、估量罪责，用多余的部分抵消不足的部分，根据名称核实实际业绩，先就其功过内部确定等级，先做三等分，分为上中下，考核官员的迁贬，然后集合所有官员，合在一起总起来叫作升迁或是贬黜。增减多少，要按照一定的比率，分成九等分，先分成三等，每等再分出上中下。

（三）

【原典】

上操其名，以责其实，臣守其业，以效其功。言不得过其实，行不得逾其法。

—— （西汉）刘安《淮南子·主术》

【译文】君主掌握群臣任职的标准，以此要求他们的实际表现，大臣们对本职工作尽职尽责，以功绩为君主效力。言论不得超过实际表现，行动不得逾越法律。

（四）

【原典】

量能处位，计功受爵。

—— （三国魏）曹操《让九锡表》

【译文】估量人的才能安排他的官位，计算他的功绩授予爵位。

（五）

【原典】

有二十七最：其一曰献可替否，拾遗补阙，为近侍之最。其二曰铨衡人物，擢尽才良，为选司之最。其三曰扬清激浊，褒贬必当，为考校之最。其四曰礼制仪式，动合经典，为礼官之最。其五曰音律克谐，不失节奏，为乐官之最。其六曰决断不滞，与夺合理，为判事①之最。其七曰部统有方，警守无失，为宿卫②之最。其八曰兵士调习，戎装充备，为督领③之最。其九曰推鞫得情，处断平允，为法官之最。

——（唐）唐玄宗《唐六典·尚书吏部》

【注释】 ①判事：裁决诉讼。

②宿卫：在宫禁中值宿，担任警卫。

③督领：监督统帅。

【译文】 考核官员有二十七最：第一，进献贤才废弃庸才，拾遗补缺，弥补君主过失，是君主近侍之最。第二，考核人才，提拔贤良，是选拔官员之最。第三，发扬清流阻遏浊风，褒贬恰当，是考核之最。第四，研究礼制礼仪，行动符合规范，是礼官之最。第五，音律和谐，符合节奏，是乐官之最。第六，断案果敢，分派合理，是判事之最。第七，统军有方，保卫君主不失误，是宿卫之最。第八，训练兵士，装备充足，是督领之最。第九，推究案件实情，判决公允，是法官之最。

（六）

【原典】

德必核其真，然后授其位，能必核其真，然后授其事；功必核其真，然后授其赏；罪必核其真，然后授其刑；行必核其真，然后贵之；言必核其真，然后信之。

——（北宋）司马光《资治通鉴》

【译文】品德必须经过核对是真实的，才授予爵位；才能必须经过核对是真实的，才分配职务；功劳必须经过核对是真实的，才给予奖赏；罪行必须经过核对是真实的，才施加刑法；善行必须经过核对是真实的，才能够提倡；言论必须经过核实是真实的，才能够相信。

（七）

【原典】

察举官吏，必审真伪，使有才无行者不能觊觎[①]，非道求进者加以纠劾[②]，则奔竞之俗息，而廉耻可兴矣。

——（元）脱脱等《金史·章宗纪二》

【注释】①觊觎（jì yú）：非分的希望或企图。
②劾（hé）：揭发过失。

【译文】考察官吏一定要核实真伪，使仅有才能却没有道德修养的人不能得到官职，通过不正当途径意图居官的人要加以纠察弹劾。这样奔走钻营的风气就会停止，从而提高人们对廉耻的认识。

（八）

【原典】

立县令四课：曰纠正税籍，团结民兵，劝课农桑，劝勉孝悌。三岁，就绪者加旌赏，无善状者汰之。

——（元）脱脱等《宋史·职官志》

【译文】设立考核县令的四件政绩：纠正税务户籍，团结民兵，鼓励农桑，提倡孝悌。任职三年，政务就绪，国家予以表扬奖赏，没有好的政绩记录就淘汰。

（九）

【原典】

用舍进退，一以功实为准，毋徒眩①于声名，毋尽拘于资格，毋摇之以毁誉，毋杂之以爱憎，毋以一事概其平生，毋以一眚②掩其大节。

—— （明）张居正《陈六事疏》

【注释】 ①眩：迷惑。

②眚（shěng）：过失。

【译文】 官员的任用与否，擢升与罢免，一律以功劳实绩为标准，不要被其名声迷惑，不要被其资格限制，不要因众人的攻击和赞扬而动摇，不要掺杂私人的爱憎，不要以一件事来概括评价他的全部，不要因一点小过失而掩盖他的功绩。

（十）

【原典】

因名责实，因实课功，无所诿而各效其当为，此综核之要术也。

—— （明末清初）王夫之《读通鉴论》

【译文】 根据官职来要求实绩，根据实绩来考核功过，使得官员无所推诿而各自致力于他应当做的事情，这是全面考核官员的要领。

 【国学常识】

清朝职场的巅峰面试

清代对官员的例行考核之外，还有一种引见制度。例行考核结束之后，部分官员还会被引见给皇帝，由皇帝亲自考察，称为官员引见制度。清代对官员的考核分为对京官的京察，以及对外地官员进行的大计两种。官员考核结束后，京察一等、大计一等和二等的部分官员将被引见给皇帝。

文官、武官的引见分别由尚书、侍郎带领进行，引见地点一般在紫禁城的乾清宫或养心殿。以文官引见为例，到引见之日，被引

清《万树园赐宴图》中穿吉服袍外罩补褂的官员们

见官员由吏部衙门的官员排班，一次五六人，一官员在前面领班，一官员在后面押尾。引见开始先要呈递绿头签（亦称绿头牌）和引见单，绿头签上主要写明引见人的姓名、履历等，如果引见官员是地方推荐的，上面还要写清督抚出具的考语，以便皇帝阅看。引见过程主要是皇帝与被引见官员交谈，内容不定，或谈公务，或叙家常，在这个过程中，皇帝观察官员的容貌、言行以及德行等，并在引见文书上用朱笔写下评语、升迁降革意见等，然后将绿头牌发给引见官员，令其退场。随后，主管堂官将皇帝的意见整理写成奏折，待批准后向引见官员宣布。引见制一方面有利于皇帝发现和选拔人才，整饬吏治；另一方面也有着以貌取人、主观随意等诸多局限。

 【国学故事】

西门豹的两次"述职"

战国时期对官员的年度考核采用述职形式，所有地方官员年终都要到都城述职，汇报一年来的政绩，然后国君派专人到属地进行考核，二者一致方可晋升，否则不予晋升。西门豹为魏国邺令，任职一年期满，西门豹来到都城汇报工作，将自己一年来所管辖区内的大致情况向国君作了详细汇报，为了凸显政绩，显示自己的才能，他将案件侦破数量、户籍管理情况、小麦谷子收入、官府白银储存等情况稍微进行了夸大。但因与国君魏文侯派人调查情况不符，不仅未能升迁，还差点儿被免职，收了官印；第二年，西门豹将所辖区域的山川、河流、人口、经济、政治等情况都详细熟记于心，对治下一年来发生的案件、经济发展等情况一五一十地向国君汇报，未有"丝毫隐瞒"，得到魏文侯的赞赏，并升了职。其他郡县官员见了之后，述职时再也不敢有夸大或者瞒报，而是"据实而报"，魏文侯很快就掌握了全国各郡县的实际情况，对于魏国在战国七雄中占有一席之地打下了坚实的基础。

【现实启悟】

干部考核要在"务实"上下功夫

干部考核重在求实、求是，必须以实为本、以实为先。考核不实，真正的好干部就体现不出来、得不到重用，"弄虚作假""欺上瞒下"的干部就会被提拔重用。不仅败坏了干部风气，还严重损害党和政府公信力。党的十八大以来落马的腐败分子，很多都是"带病提拔"、边腐边升，如安徽省原副省长王怀忠，早就被当地群众称为"王坏种"，仍能高升至副省长的位置；被查处的浙江省纪委原书记王华元，其涉案行为大多发生在他任职广东期间。类似的案例还有很多，探究"边腐边升"背后的原因，与考核不严、不实、不准有莫大关系。如果上级组织部门在提拔任用时，对群众有反映、有意见、有争议的干部，考察考核再全面些、深入些、严格些，这样的问题肯定会少一些。

近年来，湖北保康县采用"听记审查评"全方位考实、考准干部政绩，"听"就是认真听取汇报，"记"就是详细记录数据资料，"审"就是严格审核原始凭证，"查"就是实地查看重点项目，"评"就是集体评议考核结果，客观公正地对领导干部和被考核单位进行评价。

四、考课必奖惩，奖惩必从严

（一）

【原典】

凡用赏者贵信，用罚者贵必。

——（西周）姜尚《六韬·赏罚》

【译文】 凡是使用奖赏的贵在诚信，凡是使用惩罚的贵在必行。

（二）

【原典】

有功而不能赏，有罪而不能诛，若是而能治民者，未之有也。

——（春秋）管仲《管子·七法》

【译文】 有功劳却不能奖赏，有罪责却不能批评，像这样却能在这里治理好百姓的从来没有过。

（三）

【原典】

有善者不留其赏，故民不私其利；有过者不宿其罚，故民不疾其威。

——（春秋）管仲《管子·君臣上》

【译文】有善行的不扣留他的奖赏，所以百姓不把利益当作私有财物；有过失的不拖延对其的惩罚，所以百姓不会憎恨刑律的威严。

（四）

【原典】

上多惠言而不克^①其赏，则下不用；数加严令而不致其刑，则民傲^②死。

——（战国）商鞅《商君书·修权》

【注释】①克：能够。

②傲：傲慢、怠慢。

【译文】君主许下很多施予恩惠的承诺却不能实现，那么属下就不会任你使用；多次发布严格的命令却不认真施行，那么百姓就不怕处以死刑。

（五）

【原典】

诚有功则虽疏贱必赏，诚有过则虽近爱必诛。疏贱必赏，近爱必诛，则疏贱者不怠，而近爱者不骄也。

——（战国）韩非《韩非子·主道》

【译文】果真有功劳，即使关系远的、地位低的也一定要奖赏；果真有过错，即使关系近的、心中喜欢的也要批评。关系远的、地位低的一定奖赏，关系近的、自己喜欢的一定批评，那么关系远的、地位低的就不会懈怠，关系近的、自己喜欢的也不会骄横。

（六）

【原典】

有功者赏，有罪者罚，功盛者赏显，罪多者罚重。不能致功，虽有贤名，不予之赏；官职不废，虽有愚名，不加之罚。赏罚用于实，不用于名，贤愚在于质，不在于文。故是非不能混，喜怒不能倾，奸轨不能弄，万物各得其冥，则……百官劝职，争进其功。

—— （西汉）董仲舒《春秋繁露·考功名》

【译文】 有功的赏，有过的罚，功劳大的奖赏多，罪责大的惩罚重。不能获得功劳，即使有贤德的名声也不给予奖赏；尽职尽责的，即使名声不好，也不予惩罚。赏罚用在实处，不用在虚名上，贤还是愚在于本质，不在外貌，所以正确、错误不能混同，高兴、愤怒不能影响，奸邪的事不能做，万物都能够默默地生长，那么……百官恪尽职守，争着建立自己的功绩。

（七）

【原典】

政之大纲有二。二者何也？赏罚之谓也。人君明乎赏罚之道，则治不难矣。夫赏罚者不在乎必重，而在于必行……夫当赏者不赏，则为善者失其本望而疑其所行；当罚者不罚，则为恶者轻其国法而怙其所守。

—— （三国魏）徐干《中论·赏罚》

【译文】 政治最大的纲领有两条。哪两条呢？说的就是赏与罚。国君明确赏与罚的道理，那么统治就不难了。赏与罚不一定很重，而在于一定要执行……该赏不赏，那么做善事的人就会失望而怀疑自己的行为；该罚不罚，做恶事的人就会轻视国法而无所顾忌。

（八）

【原典】

赏罚之政，谓赏善罚恶也。赏以兴功，罚以禁奸，赏不可不平，罚不可不均。赏赐知其所施，则勇士知其所死；刑罚知其所加，则邪恶知其所畏。故赏不可虚施，罚不可妄加，赏虚施则劳臣怨，罚妄加则直士恨。

——（三国蜀）诸葛亮《赏罚》

【译文】赏罚的政策，指的是赏善罚恶。用奖赏来振兴功业，用惩罚来禁绝奸邪。奖赏不能不公平，惩罚不可以不均平。赏赐时知道你要奖赏的对象，勇士就会知道自己为谁而死；惩罚时知道你要施加的对象，邪恶就会知道有所畏惧。所以奖赏不能够虚颁，惩罚不能够乱加，空颁则受累的臣属怨恨，乱加则正直的人遗憾。

（九）

【原典】

一赏不可不信也，一罚不可不明也。赏而不信，虽赏不劝，罚而不明，虽刑不禁。

——（北朝齐）刘昼《刘子·赏罚》

【译文】哪怕是一次奖赏也不能不讲信用，哪怕是一次处罚也不能不明确。奖赏不讲信用，即使奖赏也不能鼓励人；处罚不明确，即使施加了刑罚也不能禁绝。

（十）

【原典】

国家大事，惟赏与罚。赏当其劳，无功者自退；罚当其罪，为恶者戒惧，则知赏罚不可轻行也。

——（唐）吴兢《贞观政要·封建》

【译文】 国家大事只有赏与罚。奖赏要与他的功劳对等，没有功劳的人自己就撤退了；处罚要与他的罪恶对等，作恶的人就会感到恐惧，由此可知赏与罚不能轻易施行。

【国学常识】

何为"八股"

"八股"是明清科举考试的一种文体，也称"制艺""制义"等。八股文源于宋元的经义，顾炎武认为其大约定型于明成化年间。八股文由固定的八部分组成，分别为破题、承题、起讲、入题、起股、中股、后股、束股。文章开始先揭示题旨，为"破题"。接着承上文加以阐发，叫"承题"。然后开始议论，称"起讲"。接下来正式入手写作，称为"入题"。以下再分"起股""中股""后股"和"束股"四股，属于正式议论部分，每股都有两股排比对偶的文字，合共八股，"八股文"也由此得名。八股文不仅内容固定为四书五经，不能自由发挥，且字数也有明确规定，顺治时定为550字，康熙时增为650字，极大地束缚了知识分子的思想。顾炎武在《日知录》中写道："经义之文，流俗谓之八股，盖始于明宪宗成化年间（1465—1487），如《乐天下者保天下》文，起讲先提三句，即讲'乐天'四股，中间过接四句，复讲'保天下'四股，复收四句，再作大结。如《责难于君谓之恭》文，起讲先提三句，即讲'责难于君'四股，中间过接二句，复讲'谓之恭'四股，复收二句，再作大结。每四股之中，一反一正，一虚一实，一浅一深。若题本两对，文亦两大对，是为两扇立格，则每扇之中，各有四般，其次第之法，亦复如之。故人相传谓之八股。长题则不拘此，亦有联属二句四句为对，排比十数对成篇，而不止于八股者。"清光绪末年八股文被废除。

 【国学故事】

隋文帝嘉赏良吏

隋文帝杨坚建立隋朝后，励精图治，为选天下人才，他下诏"制诸州岁贡三人"，每个州每年选派三人，到中央参加科举考试，考中后再经吏部铨选，就能步入仕途，封官封职，这样为朝廷选拔了很多人才。但不少人一旦当官，就本色全无，贪污受贿，腐化堕落，为了加强吏治，隋文帝想了很多办法，措施之一就是实行严格的考功，并以考功结果进行严格的奖惩。当时有名的酷吏燕荣，性情残暴，杀人如麻，被人检举，隋文帝派人去查，果然审查出暴虐凶残、贪赃污秽等问题，隋文帝立即下令赐死。对于政绩出色的官员，隋文帝便大加奖励。房恭懿为人正直，胸有大量，任新丰县令时，他的政绩是三辅地区最好的，隋文帝立即赏赐给他四百匹布，结果，房恭懿把所得的赏赐都分给了穷人。隋文帝又赐给他三百石米，房恭懿全拿来赈济穷人。隋文帝见到房恭懿时，还亲自把他叫到坐榻前，向他请教治理百姓的方略，很快就提拔他为德州司马，任职一年多，考核时房恭懿的政绩又是天下第一。隋文帝非常高兴，将所有到京城述职的官员都召集到一起，对他们说："有房恭懿这样一心为国，勤政爱民的好官员，实在是我大隋之福，这是上天和祖先在保佑大隋，哪里是我微薄的能力能招致的呢！我如果不加奖赏，上天和祖先难免责怪于我。全天下所有官员都要以他为榜样，向他学习。"说完，隋文帝当众提拔房恭懿为海州刺史。所有的官员这才意识到皇帝真的在举优黜劣，从此不敢偷懒，众臣尽职尽责，开创了辉煌的"开皇之治"局面。

阎立本所绘《历代帝王图》之隋文帝杨坚

干部考核要以严奖惩为"着力点"

元朝的历史学家胡三省曾说："开皇之治，以赏良吏而成"，诚然如此。隋文帝奖惩严明的做法也为我们提供了有益借鉴：干部考核必须要与严格奖惩相结合，只考核不奖惩，或奖惩不严，就会使考核流于形式，起不到应有的作用。长期以来我国领导干部考核存在重考核、轻奖惩的现象，往往考核完了就算完事，干与不干一个样，考好考坏一个样，缺乏必要的追究问责制，奖惩界限不清晰，干得好、考得好的得不到奖励晋升，干得不好、考得不好的也没有惩罚处理，助长了不良风气，导致了一些领导干部"为官不为"，得过且过。

党的十八大以来，中央对党政领导干部选拔任用以及干部考核工作提出了新的要求，出台了一系列意见、条例等，这些措施的出台，标志着党政领导干部选拔任用考核工作出现新的气象：一是突出从严治党、从严管理干部，二是提出新时期好干部的新标准，三是强化干部选拔任用工作的责任主体意识，四是进一步提升选拔任用评价工作的科学性和有效性。这些措施的实施，真正做到了考核评价工作中的责任主体明晰、考核目的明确、方法手段多样，从而使干部考核评价工作的民主化和科学化得到有效统一。

五、奖惩必信举优黜劣

（一）

【原典】

敷^①奏以言，明试以功，车服以庸^②。

——春秋《尚书·舜典》

【注释】 ①敷：陈述。

②庸：用。

【译文】 诸侯向天子陈述功绩，天子进行公开的测试，根据功绩赏赐车服。

（二）

【原典】

论功劳，行赏罚，不敢蔽贤有私。

——（春秋）管仲《管子·地图》

【译文】 根据功劳施行赏罚，不敢因有私心而掩盖贤人的业绩。

（三）

【原典】

天子适诸侯曰巡狩，诸侯朝于天子曰述职。春省耕而补不足，秋省敛而助不给。入其疆，土地辟，田野治，养老尊贤，俊杰在位，则有庆，庆以地。入其疆，土地荒芜，遗老失贤，掊克在位，则有让。一不朝，则贬其爵；再不朝，则削其地；三不朝，则六师移之。是故天子讨而不伐，诸侯伐而不讨。

——（战国）孟轲《孟子·告子下》

【译文】天子到诸侯那里巡视叫巡狩，诸侯朝见天子叫述职。春天检查耕种情况，对粮食不足的人予以补充，秋天检查收获情况，对收获不足的人予以补助。进入诸侯的领地，土地开辟了，农田管理得当，赡养老人，尊重贤才，英才在位，就有奖赏，赏给诸侯土地。进入诸侯的领地，土地荒芜，遗弃老人，流失人才，搜刮民财的人居于上位，就要责罚。一次不来朝见就削去他的爵位；两次不来朝见就剥夺他的领地；三次不来朝见就发动军队进行征讨。因此天子只惩治不征伐，诸侯只征讨不惩治。

（四）

【原典】

贤材者处厚禄，任大官；功大者，有尊爵，受重赏。官贤者量其能，赋禄者称其功。

——（战国）韩非《韩非子·八奸》

【译文】贤才，任用他们担任大官享受丰厚的俸禄；功劳大的，享有高等的爵位、厚重的奖赏。授予贤人官职，要根据他才能的大小，给予他的俸禄要与他的功劳相称。

（五）

【原典】

圣王为政，赏不避仇雠，诛不择骨肉。《书》曰："不偏不党，王道荡荡。"此二者，五帝①所重，三王②所难也。陛下行之，是以

四海之内元元之民各得其所，天下幸甚！

——（东汉）班固《汉书·东方朔传》

【注释】①五帝：上古传说的五位帝王，各书说法不一。第一种是黄帝（轩辕）、颛顼（zhuān xū 高阳）、帝喾（kù）（高辛）、唐尧、虞舜。第二种是太昊（伏羲）、炎帝（神农）、黄帝、少昊（挚）、颛顼。第三种是少昊、颛顼、高辛、唐尧、虞舜。第四种是伏羲、神农、黄帝、唐尧、虞舜。

②三王：指夏、商、周三代天子，夏禹、商汤、周文王或周武王。

【译文】圣明的君主实行政治，奖赏不用避开仇敌，惩罚不用避开亲人。《尚书》说："不偏颇不结党，王道广大。"这两方面是五帝所看重的，三王认为难做的，陛下却做到了，因此天下的黎民百姓各得其所，这是天下的幸运！

（六）

【原典】

上览先王，所以致太平，考绩黜陟，着在五经。罚赏之实，不以虚名。

——（东汉）王符《潜夫论·叙录》

【译文】观察古代的先王，他们之所以能把天下治理太平，就在于考核政绩决定升降，这都写在五经里面。惩罚、奖赏要实事求是，不凭虚名。

（七）

【原典】

内外群官，选自朝廷，擢士庶以任之，澄水镜以鉴之，年劳优

其阶品，考绩明其黜陟。

——（唐）吴兢《贞观政要·封建》

【译文】内外官员，都要从朝廷中选拔出来，提拔士人、庶民来任职，擦亮明镜来鉴别，根据人的资历、言谈确定品级，根据考核业绩明确升迁赏罚。

（八）

【原典】

因材任人，国之大柄；考绩进秩，吏之常法。

——（北宋）苏辙《梁焘转朝奉大夫》

【译文】根据才能任命人才，是国家治理的大权；考核业绩决定官员的升迁，是官员管理的正常做法。

（九）

【原典】

以三最考守令：狱讼无冤、催科不扰为治事之最，农桑垦殖、水利兴修为劝课之最，屏除奸盗、人获安处、振恤困穷、不致流移为抚养之最①。最分三等：五事为上，二事为中，余为下。若能否尤著，则别为优劣，以诏黜陟。

——（元）脱脱等《宋史·职官志》

【注释】①最：考核政绩或军功划分的等级，以上等为最。

【译文】用三最考核郡守县令：诉讼案件没有冤屈，催督科派不扰民是处理政务之最；农桑的开垦种植、兴修水利是鼓励督促之最；防止奸邪盗窃，人民安居、赈济穷困，民众不流离失所是抚养之最。最分为三等，做到五个方面算上等，做到两个方面为中等，其次是下等。如果才能实在出众或实在低劣，另外再确定优劣，皇帝下诏书来确定升降。

【国学常识】

"乌纱帽"与"顶戴花翎"

"乌纱帽"起源于南朝刘宋时，最初并不是官帽。《隋书·礼仪志七》："宋、齐之间，天子宴私，着白高帽，士庶以乌。梁、陈因之。陈时，天子及士人通冠之。隋大业年，令五品以上通服朱紫，是以乌纱帽渐废。大唐因之，制白纱帽，制乌纱帽，视朝听讼宴见

明初戴乌纱帽的官员

宾客则服之。""乌纱帽"上装饰不同的花纹，以区别官位的高低。乌纱帽上装饰的美玉的多少也显示出官阶的高低：一品九块，二品八块，三品七块，四品六块，五品五块，六品以下就没有玉了。宋太祖赵匡胤登基后，下令改变乌纱帽的样式，别出心裁地在乌纱帽的两边各加一个翅翎，就像现在戏曲舞台上官员的帽子一样，这样

谁的脑袋一动，软翅就悠悠颤动，皇帝坐在高堂之上，便一目了然。如此一来，就可防止上朝时大臣们交头接耳。"乌纱帽"称官帽，最早见于明代。这在明朝以后的文学作品中，屡见不鲜。《明史·舆服制》说："洪武三年定，凡常朝视事，以乌纱帽、团领衫、束带为公服。"以后，"乌纱帽"就专指官帽。丢掉"乌纱帽"就意味着被削职为民了。

顶戴花翎特指清朝官员的礼帽。花翎是指插在礼帽翎管内的孔雀翎，用来表明等级和身份地位，一般官员不能随意佩戴。清朝皇帝也用来赏赐军功显赫的将士。被拔去花翎则表示受到非常严重的处罚。

 【国学故事】

商鞅立木取信

战国时期，秦国的秦孝公即位后，立志改革图强，任命商鞅为左庶长，决定推行废井田、重农桑、奖军功等一系列新法，实现富民强国的目的。当初，新法刚制定好还未公布时，商鞅怕百姓不信任，便在国都的集市南门立下一根三丈长的木杆，下令说谁能将木头搬到北门去就奖赏黄金十两，老百姓不知所以，不敢贸然去搬。商鞅又下令，谁能搬到北门就奖赏黄金五十两。重奖之下果然有人搬到了北门，商鞅立即赏金五十两。商鞅这才颁布变法法令。变法颁布一年后，许多百姓前来都城控诉新法带来的诸多不便，这时恰好太子也触犯了法律，商鞅对孝公说："新法之所以难以推行，主要是上层贵族带头触犯，如今太子犯法不能处罚，但太子的老师难辞其咎，必须严惩。"秦孝公同意了商鞅的建议，便将太子的两位老师一个割鼻、一个在脸上刺字。带头抵抗新法的大臣、贵族听说后都不敢触犯了，老百姓知道后，也都不敢提意见了，遵从了法令。新法推行十年，秦国路不拾遗、百姓安定、国力大盛，一派繁荣景象。

【现实启悟】

从严治吏必须"奖惩必信"

俗话说："言必信，行必果"，从严治吏必须奖惩必信，落到实处。奖惩必信，对为官不为者予以惩戒、罢免，对真抓实干者予以奖励、擢升，才能真正起到劝善禁恶的目的。奖惩必信，方能体现纪律的严肃性和制度的约束力，彰显政府的公信力。习近平同志出席中组部表彰102位优秀的县委书记大会并发表重要讲话，他强调，奖励对党忠诚、为民务实、群众爱戴的县委书记，正是党和国家有功必赏、有奖必信的体现，不仅极大地鼓舞了被表彰县委书记干事创业的信心，还激发了全国上下干事创业的热情。中央办公厅印发的《推进领导干部能上能下若干规定（试行）》，明确规定了十类干部要"下"，提出了六种"下"的渠道。有能者上、平庸者下、低劣者汰，正是体现了奖必信、罚必严，体现了"有为才有位""无为就让位"，让用人制度真正活起来。柳宗元说："能者进而由之，不能者退而休之。""能上能下"进贤退庸，举优黜劣，才能真正实现"有位有为"，才能使干部队伍始终保持生机和活力。